LA VIE URBAINE
EN
NOUVELLE-FRANCE

DU MÊME AUTEUR

Le bourreau au Canada sous le Régime français, Québec, La Société historique de Québec, 1966, 132 p.

La justice criminelle du roi au Canada au XVIIIe siècle. Tribunaux et officiers, Québec, Les Presses de l'Université Laval, 1978, 188 p.

Crimes et criminels en Nouvelle-France, Montréal, Boréal Express, 1984, 187 p.

André Lachance

LA VIE URBAINE EN NOUVELLE-FRANCE

Boréal

En couverture:
Vue du palais épiscopal de Québec et de ses ruines.
Richard Short, 1761. (APC, C-352)

© Les Éditions du Boréal Express, Montréal
Dépôt légal: 3ᵉ trimestre 1987. Bibliothèque nationale du Québec

Données de catalogage avant publication (Canada)
Lachance, André, 1937-   . La vie urbaine en Nouvelle-France
(Collection Histoire et sociétés)
Bibliographie p. 137-145
ISBN 2-89052-204-0
1. Canada — Conditions sociales — Jusqu'à 1763.
2. Vie urbaine — Canada — Histoire. I. Titre. II. Collection.
HT127.L32 1987   F1030.L32 1987   971.01
C87-096232-9

Remerciements

Cet ouvrage n'aurait pu voir le jour sans l'appui de l'Université de Sherbrooke et du fonds FCAR. Que ces institutions reçoivent ici l'expression de ma reconnaissance. À mes collègues et ami(e)s Micheline Dumont, Guy Laperrière, Gilles Vandal, Paul-André Linteau et Agnès Bastin, qui ont bien voulu relire l'une ou l'autre version de ce manuscrit et qui m'ont aidé de leurs commentaires judicieux, je tiens à exprimer ma gratitude la plus vive.

Je remercie également les personnes et les organismes qui ont autorisé la reproduction des illustrations de ce volume : les Archives nationales du Québec à Québec et à Montréal ; les Archives publiques du Canada ; le ministère des Affaires culturelles ; le Musée de l'Homme (Ottawa) ; Parcs Canada, Louisbourg ; Parcs Canada, Québec.

A. L.

Introduction

Il n'est pas facile de se faire une idée précise de ce qu'était la ville canadienne d'Ancien Régime. Certes, le cadre topographique et quelques vieilles rues épargnées par les métamorphoses du temps témoignent encore avec une certaine fidélité de ce passé urbain, mais l'extension de l'espace bâti ainsi que les modifications imposées par l'urbanisme ultérieur en atténuent considérablement les contours.

Si, de nos jours, la ville se définit par contraste avec la campagne qui l'entoure, la ville canadienne d'il y a deux ou trois siècles est, elle, bien intégrée au paysage rural; sur les cartes de l'époque elle n'est qu'une tache infime au milieu d'une vaste campagne. De la campagne, la ville a gardé, comme par osmose, des traits particuliers. En 1688, Québec qui a une population de 1400 habitants, compte 565 arpents cultivés, 244 bêtes à cornes, 300 moutons et une centaine de cochons[1]. Le voyageur suédois Pehr Kalm écrit en 1749 qu'il a vu à Québec « de nombreux potagers, grands et petits près des maisons[2] ». Un lien étroit unit donc ville et campagne sous l'Ancien Régime. Seuls leur genre de vie et leurs fonctions respectives les différencient.

Centre d'échanges de produits et point de médiation avec les économies métropolitaine et coloniale, la ville se caractérise par ses fonctions économiques et commerciales. C'est autour de la place du marché que s'organise et se développe l'agglomération urbaine. Peu attachés au travail de la terre, mais assurant toutefois une production artisanale destinée aux besoins locaux, les citadins vivent principalement de commerce. Outre les activités de négoce, la ville dispense d'importants services sociaux et administratifs répartis dans les secteurs de l'éducation, de l'assistance, de la justice et de la défense. Sous l'Ancien Régime, la ville canadienne se définit donc comme le lieu du pouvoir économique (nombreux négociants), social (institutions de bienfaisance), politique (autorités administratives et militaires) et culturel (éducation et hiérarchie religieuse).

Même si un quart seulement de la population est urbaine, c'est la ville qui rassemble les autorités coloniales et les gens influents. Ainsi est-elle appelée à jouer un rôle social et culturel beaucoup plus important que ne le laisseraient croire des considérations d'ordre purement démographique. En fait, c'est par les villes que la civilisation française s'est répandue à travers la colonie. Principaux foyers de la vie culturelle, elles permettent à l'art de prendre forme et de se développer : « Tout ce qui peut s'appeler art — avec un grand A — restait l'apanage des villes et des Européens de culture. Seul le citadin possédait une bibliothèque, religieuse pour le tiers, scientifique pour un autre tiers, le reste étant composé d'ouvrages de littérature, d'histoire et de récits de voyage. L'intérieur des maisons, presque toutes construites en pierre, était orné de peintures, de dessins et de tapisseries. On y trouvait parfois un instrument de musique et un ameublement luxueux[3]. »

À cette époque, lorsqu'on parle de villes canadiennes, on comprend qu'il s'agit de Québec, de Montréal et de Trois-Rivières. Montréal, ville de commerce où prospèrent des bourgeois dynamiques et entreprenants ; Trois-Rivières, poste de relais entre Québec et Montréal et petite place de marché[4] ; Québec, la plus grande, port de mer, centre politique et administratif important et foyer de culture.

On ne compte guère à Québec que sept mille âmes, écrit le jésuite François-Xavier Charlevoix au début du XVIIIe siècle, mais on y trouve un petit monde choisi où il ne manque rien de ce qui peut former une société agréable[5].

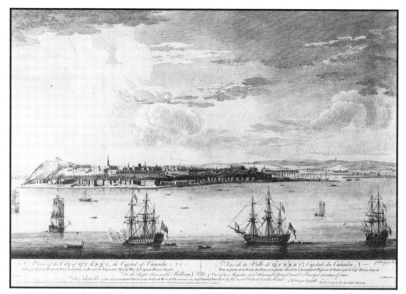

Vue de la Ville de Québec, Capitale du Canada, Prise en partie de la Pointe des Pères, et en partie abord de l'Avantgarde Vaisseau de Guerre par le Capt. Hervey Smyth, 1759. (ANQQ, GH-470-136)

Comparée à l'historiographie européenne et américaine[6], celle qui touche le fait urbain au Canada sous le Régime français est encore pauvre. Le magistral ouvrage de Louise Dechêne sur Montréal au 17e siècle est évidemment une exception de taille[7]. Le premier souci du présent travail est donc de combler une lacune : rendre familière la ville canadienne de la première moitié du 18e siècle en en relevant les aspects les plus caractéristiques. Nous verrons ainsi comment les villes canadiennes répondaient au besoin de sécurité de ses habitants et leur assuraient la défense tant contre les ennemis extérieurs, anglais et amérindiens, que contre les dangers internes, feu et épidémies. Mais avant d'évoquer ces fonctions particulières, il faudra décrire le cadre dans lequel ces villes se sont développées, ainsi que la société qui en justifiait l'essor.

Notons enfin qu'une partie de l'iconographie de ce livre est constituée de photos prises à Louisbourg, cette ville n'étant pas très différente des autres villes de la vallée du Saint-Laurent de l'époque.

Chapitre 1

Le cadre urbain

Quelle est, au 18e siècle, la superficie des villes canadiennes ?
De quel espace les citadins disposaient-ils dans les rues de leur
agglomération ? S'y sentaient-ils à l'étroit ? Mais d'abord, quelle
était la situation démographique de la colonie ?

La démographie

Les études de démographie historique consacrées à la population urbaine du Canada au 18e siècle ne sont pas très nombreuses. Les chiffres avancés par les divers chercheurs sont
d'ailleurs loin d'être d'une exactitude absolue. Ces rares travaux n'en fournissent pas moins un ordre de grandeur qui
permet de procéder à un ensemble de comparaisons. On peut
ainsi faire la part relative de la population urbaine et de la population rurale, et suivre le rythme général de développement
des trois villes canadiennes de l'époque, Québec, Montréal
et Trois-Rivières.

    En nombre absolu, ces trois agglomérations sont certes
beaucoup moins populeuses que les villes des colonies américaines ou celles des provinces françaises de l'époque. En 1760,
par exemple, Philadelphie compte 23 750 habitants, New York
18 000 et Boston 15 600[1]. En 1765, Québec a 8900 habitants
et Montréal n'atteint pas les 6000 âmes[2]. La proportion de la

population totale des villes est pourtant supérieure au Canada (entre le cinquième et le quart) que dans la France d'Ancien Régime (environ 15 %). Il reste toutefois qu'en Europe cette proportion a tendance à augmenter au fur et à mesure que la population dans son ensemble devient plus nombreuse, alors qu'on assiste au Canada au phénomène inverse[3]. Si, dans les vieux pays, la ville exerce une vive attraction sur les ruraux, il n'en va pas de même dans la colonie. Plus on avance dans le 18e siècle, plus la population rurale de la Nouvelle-France progresse par rapport à celle de la ville.

Des trois agglomérations canadiennes qui nous occupent, Trois-Rivières est la moins populeuse. Jamais ses dimensions ne dépassent celles d'un village ; le nombre de ses habitants n'atteint même pas le millier. Pendant la plus grande partie du Régime français, elle reste d'ailleurs un poste de relais entre Québec et Montréal, et un petit centre de services pour les ruraux des régions avoisinantes.

Quant à la population de Québec, elle quadruple entre 1663 et 1700. Et si, au début du 18e siècle, elle connaît une croissance ralentie, elle reprend, dans le deuxième quart du siècle, son rythme de développement antérieur, passant de 2000 habitants environ vers 1700 à 8000 en 1754, atteignant ainsi le double de la population de Montréal. « Le peuple de cette ville [Québec], écrit l'ingénieur du roi Chaussegros de Léry, augmente tous les ans [...]. Monsieur Jacrau curé vient de me faire voir dans les registres de baptêmes, enterrements et mariages que le peuple de la ville augmentait tous les ans de cent trente personnes[4]. » Le taux d'accroissement annuel moyen se maintiendra entre 4 et 5 % jusqu'à la Conquête.

Montréal connaît, elle aussi, une croissance remarquable, particulièrement au début du 18e siècle. En 1706, l'intendant Raudot constate que la ville « s'augmentait tous les jours par le nombre d'habitants qui venaient s'y établir[5] ». En 1713, les Sulpiciens, seigneurs de l'île de Montréal, doivent tracer de nouvelles rues en raison du grand nombre de gens qui viennent se fixer à la ville[6]. Un tel développement est dû aussi bien au nombre important de soldats démobilisés qui s'installent à l'intérieur de l'enclos urbain, qu'aux artisans et manœuvres venus en grand nombre de Trois-Rivières et de Québec pour travailler à la construction des murs de la ville[7]. Mont-

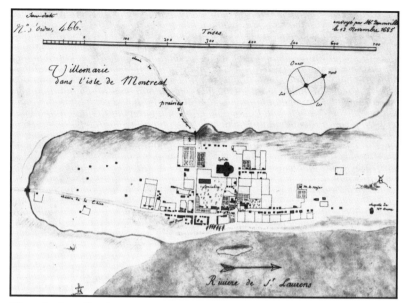

Plan de la ville de Montréal tracé par M. Denonville en 1685. (APC, NMC-1482)

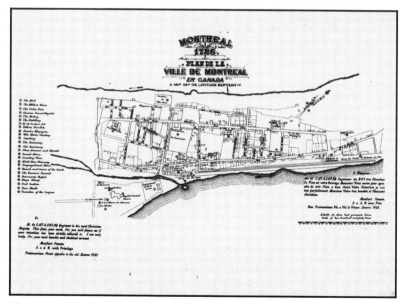

Plan de la ville de Montréal en 1723, adressé à M. de Catalogne, ingénieur du roi, par Moullart Sanson. (APC, NMC-16357, cliché XII)

réal garde ce rythme d'accroissement démographique jusque dans les années 1750, moment où les débuts de la guerre de la Conquête le ralentissent.

Qu'en est-il maintenant de la densité de la population urbaine? De quel espace dispose celle-ci? Au milieu du 18e siècle (1744), Québec compte, grosso modo, 4700 habitants répartis dans deux quartiers : la Basse-Ville, formée par une bande de terre longue et étroite qui contourne le pied de la falaise; et, cent mètres au-dessus, juchée sur un plateau, la Haute-Ville, retranchée de la campagne par des murailles. Deux côtes abruptes relient les deux quartiers[8].

La Basse-Ville abrite alors 500 ménages, la Haute-Ville, 456. Cette dernière, où se trouvent les grandes propriétés religieuses, est encore couverte de jardins, de prés et de terrains vagues, même si les autorités ont obligé les communautés à lotir. Les lots établis dans l'enclos du Séminaire ont absorbé presque toute la croissance démographique[9]. Car même si la population totale de la ville a doublé, passant de 2369 habitants en 1716 à 4603 en 1739, le nombre de maisons n'augmente pas en conséquence. La rareté des terrains disponibles pour le lotissement dans la Haute-Ville a peut-être constitué un obstacle à la construction domiciliaire. Les rues dans cette partie de la ville sont assez droites et larges. Par contre, la Basse-Ville manque d'espace pour loger ses quelque 2300 habitants. Déjà en 1709, le jésuite Antoine Silvy note que la Basse-Ville est «toute remplie de maisons» et n'offre plus de terrains d'expansion[10]. La seule solution est de construire les maisons en hauteur, serrées les unes contre les autres, et de tracer des rues extrêmement étroites. «La ville de Québec semble étendue bien qu'elle ne comporte pas tant de maisons que cela, note Pehr Kalm en 1749; d'après l'échelle, elle doit avoir du sud au nord environ 600 toises [1160 mètres] et de la rive de la Basse-Ville jusqu'aux murailles de l'ouest de 350 à 400 toises [de 679 à 776 mètres] mais il faut noter que tout n'est pas entièrement habité[11].

En 1741, Montréal compte de son côté 387 maisons réparties sur un espace de 37,6 hectares, et abritant environ 2960 habitants. Tout comme à Québec, les propriétés des communautés religieuses, de la paroisse et du gouvernement créent de larges espaces vides «mais, écrit Louise Dechêne, leur pré-

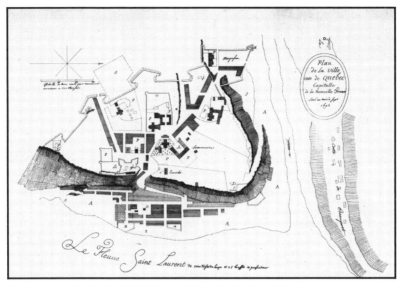

Plan de la ville de Québec, levé en septembre 1693, par le sieur de Villeneuve, ingénieur du roi. (APC, NMC-18270)

Le monastère des Ursulines, le mur d'enceinte et la redoute royale de Québec en 1759. À l'extrême droite, des clôtures de pieux forment des enclos derrière les maisons. Gravure de Richard Short, 1761. (APC, C-358)

sence n'étrangle pas la ville, à preuve ses soixante-six jardins
[...] La densité à l'intérieur des murs, soit 32,5 personnes à
l'acre, reste très faible[12].» D'ailleurs, le plan de la ville est
régulier et aéré. Il reste qu'à cause du nombre de jardins et
des dimensions étendues des concessions, la superficie, pourtant large, du terrain compris entre les murs n'offre pas assez
d'emplacements disponibles pour la construction
domicilaire[13].

Située sur un terrain sablonneux de 402 mètres de long
sur 229 de large, Trois-Rivières dispose encore de plusieurs
terrains vacants dans l'enclos urbain au milieu du 18e siècle.
Disséminées ici et là, 110 maisons abritant 586 personnes se
partagent l'espace avec deux églises et un couvent[14].

Déterminer le nombre de ceux qui peuvent habiter sous
un même toit n'est pas simple. En 1754, Québec compte 8000
habitants répartis dans 800 maisons, soit 10 personnes par
domicile. Cette densité est particulièrement élevée. Montréal,
qui comprend 387 maisons, ne compte que 7,6 habitants par
maison en 1741, et Trois-Rivières, en 1749, n'en a que 5,3. À
la même époque, Boston et Philadelphie comptent respectivement 9,3 et 6 personnes par habitation[15].

Les maisons

La maison urbaine a une forme carrée ou rectangulaire, avec
quelquefois des additions telles que tambours et appentis. Vers
la fin du Régime français, la maison typique de Québec est
de forme rectangulaire percée de fenêtres à volets et coiffée
d'une haute toiture à lucarnes; ses murs extérieurs enduits
de mortier sont blanchis à la chaux. Généralement construites
en pierre, les habitations de la Haute-Ville n'ont qu'un étage
tandis que celles de la Basse-Ville en comptent habituellement
deux ou trois, auxquels il faut ajouter l'espace des combles.
Les quelques rares maisons en bois que l'on peut voir à Québec sont démolies au fur et à mesure qu'elles s'écroulent sous
l'effet de l'âge ou des incendies, et sont remplacées par d'autres
en pierre. À Montréal, les maisons sont en général très élé-
gantes. De forme carrée, elles sont construites en bois de charpente, souvent à deux étages, et elles voisinent, surtout après
l'incendie de 1721, avec des maisons de pierre[16]. Comme les

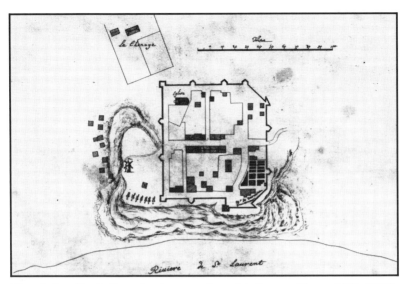

Plan de la ville de Trois-Rivières tracé par M. Denonville en 1685. (APC, NMC-18284)

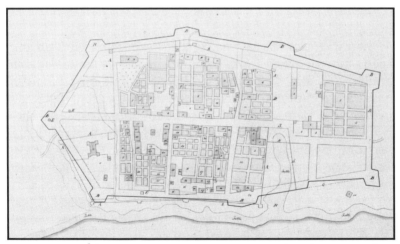

Plan de la ville des Trois-Rivières, levé par Levasseur de Néré en 1704. Sont indiquées en A, la vieille enceinte et en B les fortifications projetées qui ne seront jamais construites. (ANQQ, NC-83-9-2)

Montréalais, les Trifluviens utilisent surtout le bois pour ériger leurs demeures. Hautes d'un étage, elles ne se distinguent par aucun luxe particulier[17].

La maison de Gannes, à Trois-Rivières, bâtie en 1753. (MAC, NC-76)

La dimension de ces maisons et l'espace qu'elles offrent à ceux qui y logent varient selon les moyens financiers de la famille. Les gens du peuple ne disposent que d'une maison à un étage comprenant une pièce ou deux, un grenier et quelquefois un appentis où l'artisan tient boutique. Une seule cheminée chauffe le bâtiment tout entier. À Montréal, la résidence des nommés Lafricain et Lajeunesse qui, en 1731, possèdent chacun, rue Notre-Dame, une petite maison en bois ayant pour dimensions respectives 7,5 mètres de large sur 6 mètres de profondeur, et 6 mètres sur 6,5, en est un exemple[18]. C'est dans des maisons semblables que demeurent les gens à revenus modestes à Québec. Ainsi, un certain Basile Marois, en 1737, habite rue Sainte-Famille, «une mansarde de 6 mètres de long sur 5,5 de large avec un appentis ou hangar derrière de 5 mètres de long sur 4 de large, le tout en bois de pièces sur pièces». Sur la même rue se dresse l'habitation de François Charlery, «une maison de pièces sur pièces de 6,5 mètres de long sur 6 de profondeur avec une allonge aussi en bois de 3,5 mètres de long sur 5 de large».

La maison de Hertel de la Fresnière, à Trois-Rivières, datant du 18ᵉ siècle. (MAC, NC-77560)

Les maisons des artisans et des petits marchands sont plus grandes et plus confortables. Construites de pièces sur pièces couvertes de planches, elles ont 13,5 mètres de long sur 7 de large, « une cheminée de maçonnerie, trois chambres avec ses planchers et cloisons, portes et fenêtres ». C'est ainsi que se présente la maison de Jean-Baptiste Demers, forgeron à Montréal vers la fin du 17ᵉ siècle[19]. Et celle du sieur Blondeau, marchand à Montréal en 1731, est en pierre et mesure 12 mètres de large sur 9,5 de profondeur.

À un niveau d'aisance supérieur, les gens possèdent des maisons de maçonnerie encore plus spacieuses et plus confortables : deux cheminées, deux ou trois pièces par étage et des cabinets attenants aux chambres communes : « Chez les marchands, le magasin est à l'étage et la boutique au rez-de-chaussée, plus rarement dans un autre corps de logis. Grains et fourrures sont gardés au grenier. Il reste quatre ou cinq pièces à l'usage de la famille, ce qui fait, à raison de 5,5 personnes par famille plus deux domestiques, une moyenne de 1½ personne par chambre, soit deux fois plus d'espace que chez les gens du commun[20]. »

À Montréal, en 1731, le marchand René Decouagne est propriétaire d'un grand corps de logis en pierre à un étage. Sa résidence a 28 mètres de large sur 8 de profondeur. À Québec, en 1737, le négociant Joseph Riverin habite une maison de pierre de 25 mètres de long sur 8,5 de large, rue Sault-au-Matelot.

Quant à l'élite urbaine, elle demeure dans de véritables hôtels particuliers, comme celui de la veuve du marquis de Vaudreuil, rue Saint-Charles à Montréal : entouré d'un « jardin fleuriste, potager et verger », l'hôtel en pierre de deux étages est formé d'un pavillon central de 25 mètres de large et de deux pavillons latéraux de 20 mètres de long chacun. D'autres membres de l'élite habitent dans de grands corps de logis, comme celui du chevalier de Longueuil, rue Saint-Paul à Montréal : un bâtiment en pierre de deux étages, de 40 mètres de large sur 10 de profondeur ; ou celui, de Nicolas Lanoullier, membre du Conseil supérieur de Québec : une grande demeure

Les résidences de l'élite urbaine de Montréal au moment de la construction du mur, vers 1740. (L.R. Batchelor, APC, C-1540)

La maison du marchand Pierre du Calvet rue Saint-Paul à Montréal. Chez les marchands, les maisons sont de maçonnerie, ont deux cheminées et deux à trois pièces par étage. (ANQM, Fonds Armour Landry)

Poêle fabriqué aux forges du Saint-Maurice au 18ᵉ siècle. (MNC 77-137)

en pierre d'un étage, qui mesure environ 43,5 mètres de long sur 13,5 mètres de profondeur.

Toutes ces maisons en pierre sont humides. Les larges cheminées n'arrivent à en chauffer qu'une très faible partie[21]. Voilà pourquoi on construit de préférence des habitations exiguës : moins il y a d'espace à chauffer, mieux la chaleur rejoint toutes les parties du logis. Pour réduire les pertes de chaleur, on restreint au minimum les ouvertures dans les murs. Les maisons canadiennes ont donc peu de fenêtres, d'ailleurs souvent bouchées avec du papier ou un morceau de cuir parcheminé qui laisse filtrer une lumière jaune[22]. Seules les fenêtres des maisons des gens à l'aise sont garnies de carreaux en vitre[23].

Pour combattre plus adéquatement le froid et l'humidité qui imprègnent la maison, on importe de France des « poêles à bois » dont le rendement calorifique dépasse de quatre fois celui du foyer. Si ces appareils de chauffage domestique sont encore un luxe au 17ᵉ siècle, très rapidement leur popularité grandit au 18ᵉ siècle ; les forges de Saint-Maurice commencent à en fabriquer vers la fin de la colonisation française. Les poêles gagnent la faveur des citadins et remplacent peu à peu le foyer pour le chauffage domestique. Certains bourgeois suffisamment riches en possèdent plusieurs, comme le souligne madame Bégon en 1749: «M. Varin, notre voisin, a des feux et des poêles partout[24].» Luce Vermette, qui a analysé 70 inventaires après décès passés devant les notaires royaux entre 1740 et 1760, a dénombré dans la région de Montréal 44 familles faisant usage d'un poêle, 21 de deux et 5 de trois. Les poêles de fonte semblent les plus répandus. On a trouvé également bon nombre de poêles en tôle. Quant aux poêles en briques, les moins chers de tous, les Canadiens semblent en posséder très peu, mais il est permis de penser qu'il y en avait beaucoup plus que ne le révèlent les sources disponibles, les pauvres faisant rarement dresser l'inventaire de leurs biens[25].

Le volume de la maison urbaine, les matériaux utilisés pour sa construction ainsi que le mode de chauffage dépendent beaucoup, on l'a vu, du niveau socio-économique du propriétaire, du genre d'activités qu'il exerce, du climat canadien et, dans certains cas, de l'espace disponible dans l'enclos urbain.

L'aménagement

Les villes coloniales canadiennes ne se développent pas suivant des plans d'aménagement bien structurés. Tout comme la plupart des agglomérations urbaines de l'Ancien Régime, c'est dans un désordre relatif que s'entremêlent les places et les rues.

Les places publiques. Sous l'Ancien Régime, rares sont les villes sans place publique. Québec en possède au moins deux. Celle de la Basse-Ville, appelée place Royale ou place du Marché, présente un espace de «figure irrégulière et de médiocre grandeur», borné au fond par «une suite de maisons assez bien bâties et adossées contre le rocher [...] sur la gauche par une petite église [Notre-Dames-des-Victoires] et sur la droite par deux rangées de maisons placées parallèlement»[26]. Dans la Haute-Ville, tout près du palais épiscopal et du château Saint-Louis, qui est la résidence du gouverneur général de la Nouvelle-France, la place d'Armes occupe un terrain rectan-

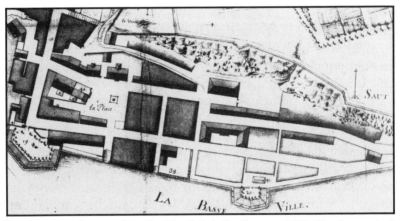

La place Royale, ou place du Marché, à Québec en 1693. Située au pied du cap Diamant, elle sert de point de débarquement et d'entreposage des marchandises pour les négociants. Détail du plan de Québec par le sieur de Villeneuve, en 1693. (ANQQ, NC-574-1)

gulaire que bordent, sur un côté, de belles maisons en pierre[27].

La place d'Armes de Montréal est située rue Sainte-Geneviève, devant l'église paroissiale. D'après le dénombrement de 1731, sa superficie est de 87 mètres de large sur environ 58 de profondeur. La place du Marché, rue Saint-Joseph, n'occupe, par contre, qu'un terrain de 39 mètres[28]. Trois-Rivières enfin, ne semble s'être dotée d'une place publique qu'au 18e siècle, située sur le bord du fleuve, au bout de la rue Saint-Louis[29].

Ces lieux publics jouent un rôle important dans la vie commerciale et sociale de la ville. Sur le plan économique, une part importante de la vitalité et des ressources urbaines est liée aux activités commerciales. La place du marché est l'endroit où s'effectuent les échanges. C'est là que les paysans apportent deux fois la semaine, les mardis et vendredis, les produits de leur élevage, de la chasse et de l'agriculture : grains, volailles, gibier et légumes[30]. Ces jours-là, l'activité est intense ; vendeurs et vendeuses se disputent les meilleures places et s'installent un peu partout, au point que la ville de Québec doit émettre des ordonnances pour y mettre bon ordre :

> Ayant été informé que les hommes et les femmes qui tiennent le marché dans la place de la Basse-Ville, causent un scandale qui fait peine à tout le monde, en se mettant à

La place d'Armes à Québec, où les soldats s'assemblent pour faire leurs exercices militaires. Gravure de Richard Short, 1761. (APC C-361)

la porte de l'église, et en faisant un bruit, par les disputes qu'ils ont avec ceux qui leur achètent, qui trouble le service divin; puisque la sainteté de ce lieu, qui devrait imprimer du respect à tout le monde, n'empêche point ce désordre; pour y parvenir:

Nous faisons défenses à toutes personnes d'étaler leurs marchandises à la porte de la dite église et particulièrement pendant le service divin, pendant lequel leur faisons aussi défenses de parler assez haut pour causer du scandale à ceux qui y assisteront; leur ordonnons de se mettre au milieu de la place ou dans les côtés d'icelle, en laissant un passage le long des maisons; le tout à peine de dix livres d'amende contre chacun des contrevenants: la dite amende applicable à la dite église[31].

D'ailleurs, les jours de marché, le lieutenant de police circule au milieu de la foule des vendeurs et des acheteurs, observant les uns et les autres, veillant à ce que les habitants donnent bon poids bonne mesure et se gardent de surévaluer leurs denrées[32].

Mais même quand ce n'est pas jour de marché, la place est un lieu de rassemblement important. C'est là que l'essentiel de la vie collective se déroule. Les flâneurs s'y rencontrent et y échangent les nouvelles; les autorités y affichent les ordonnances et les édits royaux et y font entendre les annonces publiques au son du tambour. Voici, par exemple, ce qu'on pouvait entendre à Trois-Rivières le 9 novembre 1739: «Je, Hyacinthe-Olivier Pressé, huissier royal en cette dite juridiction, [...] me suis transporté en la place d'armes de cette ville accompagné de Louis Perrin dit Sabre-en-main, tambour, où étant ledit Sabre-en-main ayant battu sa caisse, j'ai, par un cri public, assigné Jean Brissard dit Saint-Jean à comparaître à la huitaine devant le procureur du roi[33]...»

C'est également sur la place que la justice s'accomplit. C'est là en effet que le charpentier du roi dresse poteau, potence, carcan, échafaud et autres instruments de torture. De la crainte devant les châtiments doit s'ensuivre plus de vertu. La population peut ainsi assister, tant sur la place publique de Québec que sur celles de Montréal et de Trois-Rivières, à des pendaisons qui se déroulent à peu près ainsi: le bourreau et le criminel montent à reculons, l'un après l'autre, sur l'échelle appuyée contre la potence pendant que le confesseur, une croix à la main, prononce les dernières paroles de réconfort et exhorte le condamné au repentir. Ensuite, l'exécuteur attache au bras de la potence les deux cordes à nœud coulant préalablement passées au cou du condamné. Enfin, le bourreau pousse le condamné dans le vide. Pour parachever son œuvre, il saute sur les mains liées du pendu et lui assène des coups de genoux à la poitrine tout en se tenant au bras de la potence[34]. Dans la première moitié du 18e siècle, cette scène se déroule environ une fois par an.

Le marquage au fer rouge des délinquants a lieu aussi sur la place publique. On y abreuve d'injures ceux et celles que les autorités ont fait attacher au carcan ou au poteau public un jour de marché et qui portent sur la poitrine et dans le dos des écriteaux précisant la nature de leur délit.

Généralement on applique les châtiments corporels deux ou trois fois par année en moyenne. Il arrive, à l'occasion, que des spectateurs s'insurgent contre les peines infligées aux coupables. Certains aident même des criminels à s'enfuir. C'est ce qui s'est produit pour les soldats Bontemps et Printemps[35], reconnus coupables de faux-monnayage et condamnés pour

Reconstitution d'une scène d'époque. Il revenait aux soldats des Troupes de la marine d'afficher les ordonnances du roi au 18e siècle. (Parcs Canada, Louisbourg. Photo : D. Crawford)

ce délit aux galères, au fouet et à être marqués au fer rouge sur la place publique de Montréal. Après les avoir fouettés à tous les carrefours de la ville, le bourreau les mène sur la place du marché où ils doivent être marqués au fer rouge d'une fleur de lys sur le bras droit. En présence d'un public nombreux, le maître des hautes œuvres s'exécute sur la personne du soldat Printemps. Mais lorsqu'il veut faire de même sur l'épaule droite du soldat Bontemps, ce dernier profite d'un moment d'inattention, de l'aide de la foule et de la complicité des soldats chargés de sa surveillance pour prendre la fuite[36].

Rues et ruelles. Les plans des principales villes canadiennes à cette époque font état de plusieurs rues tracées par les

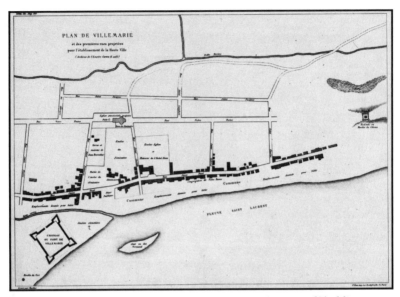

Plan de Ville-Marie et des premières rues projetées pour l'établissement de la Haute-Ville, à la fin du 17e siècle. (APC, NMC-4627)

ingénieurs du roi. Selon les directives écrites, les voies publiques longitudinales doivent avoir 8 mètres de large et les rues transversales, environ 6 mètres. En pratique toutefois, ces rues ne sont le plus souvent que des ruelles tortueuses dont la largeur varie de 3 à 10 mètres[37]. En outre, divers obstacles en infléchissent la perspective: angles de maisons mal alignées, boutiques qui avancent dans la rue, galeries, établis, comptoirs, etc., compromettent la belle ordonnance prescrite par les plans officiels.

Parmi les encombrements de la rue figurent les enseignes suspendues qu'arborent les portes d'entrée et qui annoncent aux passants le genre de commerce ou de profession pratiqué au logis. En effet, vers la fin du 17e siècle, une ordonnance enjoint les aubergistes, les hôteliers et les cabaretiers d'annoncer leur commerce par un panneau accroché au-dessus de leur porte, les cabaretiers devant en outre y ajouter un rameau de verdure fait de pin, d'épinette ou de sapin. C'est souvent par la forme et la couleur qu'on attire les passants, une bonne partie de la population étant analphabète. Malheureusement, nous disposons de peu de documents touchant les procédés auxquels recourent les marchands d'Ancien Régime pour annon-

Fac-similé d'une enseigne telle qu'on pouvait en voir à Québec sous le Régime français. (MAC, NC-4074)

cer leurs marchandises. Philéas Gagnon a pu néanmoins retrouver dans des actes notariés que, le 15 avril 1692, le cordonnier André Spénard avait obtenu la permission de pendre son enseigne *Au bien chaussé* à un poteau de bois planté devant sa porte, rue Sainte-Anne, à Québec[38].

Ici, les noms des enseignes sont en tous points semblables à ceux que l'on peut retrouver dans les rues de Paris : *Lion d'or, Roi David, Reine Blanche, Croix d'or, Croix rouge, Signe de la croix, Aux trois pigeons*. On y retrouve aussi le nom d'un port de France avec lequel les marchands et marins entretiennent d'excellentes relations : *La Ville de La Rochelle*[39]. Concernant les panneaux des cabarets et des auberges de Montréal, les données nous manquent[40].

«Enseignes, panneaux et autres saillies embarrassent et défigurent la ville», écrit François-Joseph Cugnet[41]. Continuellement, la circulation est entravée ou gênée par toutes ces barrières. L'hiver, un nouvel embarras s'ajoute : la neige que les citadins repoussent en plein milieu de la voie publique. Les jours et les lendemains de tempête, toute circulation est interrompue. Le 14 janvier 1747, le lieutenant général civil et criminel de la juridiction royale de Montréal, Jacques-Joseph Guiton de Monrepos, écrit que, en raison des « neiges qui sont tombées avec une abondance extraordinaire depuis quelques jours », les rues de la ville sont presque impraticables à force d'être encombrées de « buttes et hauteurs formées par les neiges[42] ». La situation n'est pas meilleure pendant les autres saisons puisque peu de rues sont pavées, et qu'on a creusé en leur milieu une rigole pour les eaux pluviales et ménagères. Les citadins sont tenus d'ouvrir ce canal devant leur propriété et de l'entretenir. De plus, afin de permettre aux eaux de s'écouler vers le centre de la voie publique, ils ont à rehausser chaque côté de la rue.

Dans ces conditions, les rues ne sont souvent que de véritables bourbiers. Le gouverneur général Louis Buade comte de Frontenac en fait la remarque dès 1673. On souffre une « grande incommodité », écrit-il, « en marchant dans les rues de [Québec] à cause de la quantité des boues que la fonte des neiges y produit et le peu de pente que les eaux ont pour s'écouler[43] ». Presque soixante ans plus tard, en 1732, l'intendant Gilles Hocquart peut encore noter que « plusieurs rues de [Québec], et particulièrement la Grand'Côte, devenaient de plus en plus impraticables par les inégalités et les bourbiers qui s'y forment[44] ».

À Montréal, ce n'est guère mieux. Là aussi, en effet, selon l'intendant Jacques Raudot, les rues sont « quasi impraticables dans toutes les saisons, non seulement aux gens de pied, mais même aux carrosses et charrois, et ce à cause des bourbiers qui se trouvent dans les dites rues qui proviennent tant de la mauvaise nature et inégalité du terrain que des immondices que les habitants y jettent chaque jour[45] ». Son successeur, l'intendant Michel Bégon, relève le même état de choses à Trois-Rivières : « Sur ce qui nous a été représenté que pendant le printemps, à cause de la fonte des neiges, et pendant l'automne à cause des fréquentes pluies, les rues de la ville de Trois-Rivières sont presque impraticables[46]. »

Il n'est donc pas surprenant de voir des piétons, se frayant tant bien que mal un chemin à travers ces bourbiers, victimes de glissades malencontreuses qui les font tomber dans la boue. Mais malheur à qui ose s'en moquer! La servante Marianne Proulx reçoit des coups de canne de Pierre Bastien dit Pasquin, serrurier et ferblantier de la ville de Québec, pour avoir ri de lui alors qu'il était tombé face la première dans la boue[47].

En raison des inconvénients à se déplacer dans les rues, les autorités obligent chaque propriétaire à border sa demeure d'un trottoir en bois, appelé « banquette ». Les citadins se plient avec beaucoup de réticence à cette obligation, malgré les ordonnances et les amendes imposées. Et non seulement les propriétaires doivent-ils construire ces trottoirs, mais ils sont tenus de les entretenir; ces banquettes de bois baignent dans l'eau et la boue six à sept mois par année et sont vouées rapidement à la pourriture. Aussi faut-il périodiquement remplacer les pièces de bois détériorées, ce qui ne se fait pas toujours avec le plus grand empressement[48].

Ces trottoirs de 9 mètres de large et de 20 centimètres de haut ajoutent d'ailleurs un obstacle de plus dans la rue. L'aire de circulation libre pour les voitures et les attelages en est d'autant diminuée, si bien que les véhicules peuvent difficilement se croiser sans monter sur les banquettes, chose interdite par les autorités[49]. L'ingénieur du roi Boisberthelot de Beaucours note en 1713 que l'étroitesse des rues de Québec constitue un problème majeur pour le voiturage. Comment, en effet, deux grandes charrettes de 7 mètres de long sur 3 de large peuvent-elles se rencontrer et même tourner commodément à l'intérieur de si peu d'espace[50]?

En dépit de tous ces embarras, les citadins réussissent à conduire leurs attelages à vive allure au point de causer des accidents et d'obliger les passants, qui craignent d'être renversés, « à se jeter jusqu'au ventre dans l'eau ou dans la neige ». « Dans la ville de Montréal, écrivait au ministre le lieutenant général civil et criminel de la juridiction royale, Pierre Raimbault, tous ceux qui conduisent des voitures ou équipages, officiers comme tous les autres, se font une gloire d'aller toujours au grand galop dans les rues. Il en est arrivé cet hiver plusieurs accidents comme des jambes cassées et d'autres blessures et même de tuer sur place[51]. »

Gravure de Richard Short illustrant le début du pavage des rues à Québec vers 1760. À droite, un chien s'abreuve dans un canal destiné à l'évacuation des eaux et des ordures. (APC, C-356)

Beaucoup plus qu'une simple voie de circulation, la rue constitue un lieu de sociabilité où jeunes et vieux, riches et pauvres, nobles et bourgeois, marchands et domestiques, maîtres et apprentis, se rencontrent. En général, c'est à pied qu'on parcourt la ville. La coutume veut qu'on soulève son chapeau et qu'on salue tous ceux et celles que l'on croise sur la voie publique. Ne pas se plier à cette règle c'est faire preuve de manque de respect[52].

La plupart des citadins portent des vêtements aux couleurs sombres ou ternes : noirs, gris ou bruns. Deux types de costumes féminins prédominent[53]. Le plus élaboré est porté par les nobles et les bourgeoises ; par-dessus une chemise de toile fine, garnie de dentelle ou de mousseline au cou et aux poignets, on met une «robe à la française» dont le devant s'ouvre sur un jupon taillé dans le même tissu. Jupes et jupons sont très larges. Aux pieds, des bas de laine fine et des souliers à talons élevés, en bois, recouverts de cuir ou de tissu. Sur la tête, une coiffe en mousseline ou en toile fine garnie de dentelles et de rubans brodés et un mouchoir de tissu fin noué au cou. Pour se protéger du froid lors des sorties d'hiver, on s'enveloppe d'une longue cape à capuchon de laine. Par

Costumes
féminins des
gens de
condition
modeste,
tels que
reproduits au
musée de
Parcs
Canada, à
Louisbourg.

temps doux, on se couvre les épaules d'un mantelet court de tissu plus léger.

Le costume des femmes des milieux urbains plus modestes est beaucoup plus simple. Par-dessus une chemise unie de grosse toile, dont on roule les manches jusqu'à la hauteur du coude, on porte un corsage souple et une jupe plissée mais plus étroite que la «robe à la française». Ces deux morceaux en lainage ou en coton ne sont pas nécessairement assortis. Pour travailler, un tablier de toile commune protège les vêtements. Aux pieds, des bas en laine de couleur et de simples souliers de cuir noir, des galoches de cuir ou des sabots de bois. On se couvre la tête d'une coiffe unie et on s'attache un mouchoir au cou. Aucun bijou, sauf une petite croix.

Quant aux nobles, officiers, administrateurs, officiers judiciaires, marchands ou négociants, ils arborent le «costume bourgeois» de l'époque, caractérisé par le port de l'habit complet, c'est-à-dire le justaucorps, la veste et la culotte de drap aux couleurs sombres. Voici la description qu'en fait l'historienne Monique La Grenade :

> Le justaucorps, très ample à partir de la taille, descend jusqu'à mi-jambe ; il se boutonne sur le devant et est garni de pattes aux poches, ainsi que de parements aux manches. La veste, qui se porte en dessous, est un peu plus courte et moins ample ; elle a le même modèle, mais n'a pas de parement. La culotte descend juste en bas du genou ; elle s'ajuste à la taille avec une ceinture et aux jambes avec des jarretières. Avec l'habit, on porte la chemise de toile fine garnie du jabot et des manchettes de dentelle ou de mousseline. Les bas de laine ou de soie montent plus haut que le genou et entrent sous la culotte. Sous les bas de soie, noirs ou blancs, qui sont fort élégants, on enfile parfois des chaussons ou des chaussettes pour être plus confortable. Si on chausse des bas de laine, on les choisira, de préférence, de même couleur que l'habit. Les souliers de cuir noir à double semelle ont un talon assez plat en cuir ou en bois, et leur empeigne recouvre le dessus du pied. Ils s'attachent avec des boucles de métal, dont certaines, en or ou en argent, sont très précieuses. Les escarpins, qui sont un peu plus légers que les souliers, ont tou-

Costume d'un bourgeois au 18ᵉ siècle. (Parcs Canada, Louisbourg)

Costumes masculins des gens de
condition modeste. (Parcs Canada,
Louisbourg)

tefois la même apparence. Plusieurs hommes portent des
perruques. Celles-ci existent en plusieurs modèles mais
la perruque à bourse est la plus en vogue. Le petit sac de
taffetas noir qui renferme les cheveux de la perruque sur
la nuque peut aussi se porter avec les cheveux naturels.
Enfin, le chapeau de feutre noir à calotte et à grand bord
replié en tricorne complète l'ensemble; feutre de castor
pour la meilleure qualité, ou de laine pour les plus ordi-
naires. Les vêtements d'extérieur, comme la redingote ou
le surtout, remplacent parfois le justaucorps ou recouvrent
le tout à la manière d'un manteau[54].

Le costume des gens de condition plus modeste est calqué sur celui des plus fortunés pour le style mais avec des tissus moins beaux :

> Leurs chemises sans garniture sont faites de toile commune et leurs culottes en grosse étoffe de laine conservent sensiblement le même modèle que celles de l'habit, sans en avoir tout le raffinement. Au lieu de la veste et du justaucorps, ils endossent le gilet de laine ou la veste d'étoffe parfois sans doublure, avec ou sans manches. Leurs bas sont en laine, et leurs souliers en cuir, avec la boucle en métal commun. Chez les plus pauvres, on chausse aussi des galoches ou des sabots. À défaut du chapeau, que tous ne possèdent pas, la tête sera coiffée du bonnet de coton, de toile ou de laine[55].

Ce n'est que vers 1750 qu'une mode canadienne commence à se développer en même temps que la faveur populaire pour les « étoffes du pays ». Cette mode n'est toutefois pas d'inspiration autochtone : elle reste dépendante de la coupe et du goût européens. Car on importe des vêtements non seulement de France mais aussi d'Angleterre et de Nouvelle-Angleterre. Ce que l'on emprunte aux Amérindiens, ce sont des vêtements utilitaires comme les « souliers sauvages » et les « mitasses », ces bandes d'étoffe avec lesquelles les Canadiens s'enveloppent les jambes[56].

Les gens d'Église et les militaires portent les vêtements rattachés à leurs fonctions. Les prêtres séculiers sont vêtus de la soutane noire ; les réguliers portent la robe brune des ordres mendiants. Les religieuses ont le costume des « dames de qualité » de l'époque, mais elles sortent peu de leurs couvents, si bien qu'on a moins l'occasion de les rencontrer dans les rues des villes canadiennes. Quant aux militaires, leurs uniformes sont un peu plus colorés. Par-dessus une chemise de toile rousse, les soldats et sous-officiers des compagnies franches de la marine portent un justaucorps de drap gris blanc, une veste et une culotte de drap bleu. Aux pieds, des bas de Nîmes ou de Saint-Maixant bleus et des souliers de cuir à deux semelles. Sur la tête, un tricorne dont les bords sont rehaussés d'un galon d'or faux, c'est-à-dire d'une broderie de fils dorés, et

Vêtements d'un couple de condition sociale moyenne au 18ᵉ siècle. (Parcs Canada, Louisbourg)

retroussés selon la mode et le rang de ceux qui les portent. Une cravate de toile blanche complète le tout[57].

L'été, il est fréquent de voir, le soir à la brunante, déambuler dans les rues bras dessus, bras dessous, sous l'œil observateur des citoyens plus âgés prenant le frais sur le pas de leur porte[58], des grappes de jeunes gens et de jeunes filles animant les rues de leurs rires et, la nuit venue, de leurs tours. À la faveur de l'obscurité, il leur arrive de s'amuser aux dépens des citadins, fermant le chemin avec des voitures ou fixant au travers des portes de quelques maisons des morceaux de bois contre lesquels ses habitants se heurteront et feront une chute dans la boue. À d'autres moments, ils creusent des trous au milieu de la voie publique. D'autres fois encore, ils remplissent d'ordures les loquets des portes ou poussent des cris à faire peur aux passants. L'hiver, ils s'amusent à lancer des boules de neige aux piétons ou, après avoir passé une partie de la veillée à boire chez un cabaretier, ils « courent les rues », défonçant et cassant des vitres avec des pelotes de neige[59].

Souvent, des Amérindiens, montés à la ville pour vendre leurs fourrures, traînent par les rues en quête de compagnie et de distractions avant de regagner les bois. Ils s'arrêtent pour boire un «coup d'eau de vie» dans un des cabarets qui leur sont réservés. Au sortir de ces établissements, plus d'un a l'ivresse bruyante. Ils continuent d'errer dans les rues en chantant si fort que les autorités sont obligées de les emprisonner. Parfois, les archers doivent les expulser de la ville[60].

Les rues ne sont pas seulement fréquentées par les gens et les voitures, mais également par les animaux, en particulier des porcs, qui errent librement d'un tas de détritus à un autre ou d'un potager à un autre. Ces animaux constituent une nuisance publique et sont la cause de plusieurs accidents de la circulation[61]. Malgré de nombreuses ordonnances, jamais les autorités n'ont réussi à enrayer ce fléau[62].

Lorsque les circonstances s'y prêtent, la voie publique peut servir de terrain de jeu aux enfants comme aux adultes. À Québec, en particulier l'hiver, elle se convertit en glissoire et en patinoire : des enfants et des adultes s'amusent à descendre «en traînes, en patins ou autrement les différentes côtes de la ville», et cela malgré les ordonnances de police qui défendent ces amusements à cause des dangers d'accident que ces jeux comportent. L'été, il arrive qu'on y joue aux quilles[63].

Les édifices publics. Les villes canadiennes comptent également un grand nombre d'édifices publics, civils et religieux. Certains voyageurs de passage dans la colonie, n'ont pas manqué de décrire ces bâtiments qu'on peut apercevoir sur la plupart des croquis des villes canadiennes au 18e siècle. Montréal, en 1731, peut s'enorgueillir de cinq couvents, de cinq églises et chapelles de même que de deux écoles, d'un tribunal, d'une prison et d'un corps de caserne[64]. Québec, la capitale de la Nouvelle-France, possède, outre le palais épiscopal, le château Saint-Louis et le palais de l'intendant, l'Hôtel-Dieu, l'Hôpital Général, cinq couvents et sept églises ou chapelles[65]. La petite ville des Trois-Rivières compte deux églises, un couvent, un collège et la maison en pierre du gouverneur particulier[66].

Le palais épiscopal vu de la côte de la montagne. Gravure de Richard Short, 1761. (APC, C-350)

Tous ces édifices sont entourés de vastes espaces de verdure. À Québec, en 1749, les Jésuites possèdent à côté de leur résidence un grand et un petit potager de même que de nombreux arbres fruitiers[67]. Pehr Kalm écrit à propos de Montréal : « Attenants à chacun de ces édifices [Séminaire de Saint-Sulpice, collège des Récollets, collège des Jésuites], il y a de beaux jardins où les membres de la communauté peuvent faire provision de santé, tout en se donnant le plaisir de la promenade[68]. »

Sur le plan physique, les villes canadiennes ressemblent donc, à bien des égards, aux villes européennes de l'Ancien Régime. Malgré un espace restreint par les murs de l'enceinte qui, comme en France, entourent les agglomérations urbaines de la vallée laurentienne, elles disposent de suffisamment de terrain pour loger leur population. À l'intérieur de ces remparts s'élèvent des demeures en bois ou en pierre dont l'architecture rappelle celle des maisons bretonnes et normandes.

Comme en Europe, les villes de la colonie se sont développées sans plan d'aménagement bien structuré. Le désordre et la plupart des défauts de l'organisation physique des agglomérations européennes se retrouvent au Canada : rues

La place d'Armes à Montréal en 1709. Située devant l'église Notre-Dame, rue Sainte-Geneviève, elle occupe une superficie d'environ 87 mètres de largeur et de 58 mètres de profondeur. Dessin de Wiseman. (Bibliothèque nationale du Québec, collection É.-Z. Massicotte, DS7-R4-49a)

étroites, tortueuses et encombrées où la circulation se fait difficilement, boue, immondices et saleté les recouvrant.

Chacune des villes a sa grand-place qui est en même temps le site du marché public. Autour s'élèvent l'église paroissiale et les maisons des principaux marchands et boutiquiers. En similitude avec les villes européennes, on note l'importance des terrains occupés par les édifices publics, civils et religieux, à l'intérieur des murs de la cité. Enfin, autour de ces bâtiments se retrouvent de nombreux espaces verts qui contribuent, avec les jardins potagers aménagés derrière la plupart des maisons, à donner un petit air campagnard à la ville canadienne.

Chapitre 2

Le peuple des villes

Dans le milieu urbain, des gens de toutes conditions se côtoient, depuis les nobles jusqu'aux esclaves, en passant pas les marchands, les soldats et les ouvriers. La vie urbaine les met en contact les uns avec les autres, les relations économiques et professionnelles les rapprochent, même si, comme l'attestent les inventaires de biens, les contrats de mariage et les actes de baptême, les relations sociales s'établissent surtout entre gens de même métier ou de même profession et de milieux analogues. Les officiers de justice, par exemple, se succèdent de père en fils au service du roi et contractent entre eux des alliances matrimoniales[1]. Il en va de même pour les habitants, les petits commerçants et les artisans. L'analyse des procès pour violences verbales et voies de faits démontre que les délits également ont lieu entre gens du même milieu social et avec lesquels on a des relations presque quotidiennement[2].

Au 18e siècle, une agglomération urbaine de la colonie est avant tout un centre de services pour les populations rurales environnantes. Ce lieu de résidence des ecclésiastiques, des religieux et religieuses, des officiers civils et militaires, des médecins et des chirurgiens, abrite aussi des employés subalternes, des engagés et des domestiques, tout ce monde représentant 40% environ de la population active des villes canadiennes.

Des gens de divers groupes sociaux s'entrecroisent devant le palais épiscopal de Québec : 1. un soldat ; 2. des officiers ; 3. une vendeuse ; 4. des religieux ; 5. un porteur ; 6. un paysan canadien ; 7. un charretier ; 8. un bourgeois à cheval ; 9. des bourgeois. Gravure de Richard Short, 1761. (APC, C-352)

Lieu d'échanges commerciaux, la ville compte également les divers commerçants, gros et petits, qui forment un peu plus de 20 % de la population active. Même si le secteur de la production y est peu développé, la ville comprend bon nombre d'ouvriers du bâtiment et du bois, des métaux, du cuir et du vêtement, ainsi que divers représentants de petits métiers, l'ensemble constituant tout au plus 25 % de la population active, le reste des travailleurs urbains étant formé des journaliers[3].

L'élite

Les officiers civils et militaires forment avec le clergé l'élite urbaine. Chacune des villes canadiennes possède au moins son église, son tribunal, son administration locale et son marché régional. C'est autour de ces institutions que s'organise ce groupe social qui constitue à peine 3 % de la population active. Le moindre tribunal, la plus petite administration urbanisent et peuplent la ville. Tout siège comprend ses magistrats, son greffier, son procureur du roi, ses huissiers, ses notaires et ses praticiens[4]. Chaque agglomération est le chef-lieu d'un gouvernement à la tête duquel œuvre un double état-major : officiers militaires (depuis le gouverneur particulier en passant par le lieutenant de roi et le major jusqu'au capitaine de milice) et officiers civils (depuis le commissaire de la marine et subdélégué de l'intendant, en passant par le contrôleur de la marine, le commis du trésorier général jusqu'au garde-magasin). Tout ce monde compose un groupe relativement fermé que le jésuite François-Xavier Charlevoix décrit lors de son séjour à Québec en 1720 :

> On y trouve un petit monde choisi où il ne manque rien de ce qui peut former une société agréable. Un gouverneur général avec un état-major, de la noblesse, des officiers et des troupes. Un intendant avec un conseil supérieur et les juridictions subalternes ; un commissaire de Marine, un grand prévôt, un grand-voyer et un grand-maître des eaux et forêts dont la juridiction est assurément la plus étendue de l'univers ; des marchands aisés ou qui vivent comme s'ils l'étaient ; un évêque et un séminaire nombreux ; des Récollets et des Jésuites ; trois communau-

tés de filles bien composées ; des cercles aussi brillants qu'il y en ait ailleurs, chez la gouvernante et chez l'intendante. Voilà, cela me semble, pour toutes sortes de personnes de quoi passer le temps fort agréablement[5].

Tout comme Québec, Montréal et Trois-Rivières ont leur société dominante formée d'officiers civils et militaires, de négociants, de marchands et d'ecclésiastiques. Cette élite soigne son apparence et porte perruques bouclées et poudrées. Elle arbore des galons à ses habits et se chausse de bas de soie. Le train de vie imposé par les normes sociales de l'époque exige des moyens financiers tels que plus d'un s'endette gravement. Tous ces gens de qualité gravitent autour de ceux qui se trouvent à la tête de la colonie, gouverneur et intendant. Ces autorités coloniales ou leurs représentants locaux offrent bals, dîners et soirées, auxquels l'élite urbaine accourt[7].

Parmi les différentes strates sociales qui composent la population urbaine, les gens d'Église, réguliers ou séculiers, constituent une catégorie particulière. Bien qu'appartenant par leurs origines à des milieux sociaux divers, ils jouissent tous d'une autorité et d'un prestige dus à leur qualité de représentants de Dieu.

Marchands et négociants

Agents de compagnies métropolitaines, marchands et négociants en gros constituent l'élément moteur de l'économie coloniale et jouent un rôle capital dans les villes canadiennes. Ce sont eux qui assurent à la colonie la plus grande partie de l'approvisionnement en produits européens. Ce commerce d'importation leur vaut des bénéfices de 20 à 30 % en temps de paix et de plus de 100 % en temps de guerre. Marchands et négociants en gros accumulent ainsi des fortunes respectables, variant entre 25 000 et 30 000 livres, dont une partie est réinvestie dans la colonie. Considérés comme les gens les plus riches du pays, ils occupent le sommet de la hiérarchie commerciale du Canada[8].

Viennent à leur suite les marchands détaillants, les petits armateurs qui s'occupent du cabotage entre Louisbourg, Qué-

1. Un marchand et sa dame; 2. un médiocre et sa dame; 3. des officiers militaires. Détail d'une gravure de Richard Short, 1761. (APC, C-357)

bec et Montréal, et les marchands équipeurs de Montréal qui contrôlent la traite des fourrures. Commerce de détail et cabotage ne permettent qu'une aisance relative, comme on peut en juger par un exemple d'héritage laissé après décès d'environ 10 000 livres, outre quelques articles de luxe comme une pendule à ressort, un miroir et de l'argenterie[9]. Dès 1717, à l'exemple des marchands de certaines villes de France, ceux qui font du commerce dans la colonie jouissent du privilège, unique dans le pays, de pouvoir se réunir chaque jour tant à Québec qu'à Montréal en un lieu appelé «la place», «la bourse» ou «le change» pour délibérer entre eux de leurs affaires[10].

Le mode de vie de ces marchands n'a rien de commun avec celui de l'aristocratie. «Point d'oisiveté dans ces familles, pas de retraite prématurée», écrit Louise Dechêne fort à

Reconstitution d'une scène d'époque: à gauche, un officier des troupes; à droite, un marchand. (Parcs Canada, Louisbourg. Photo: D. Crawford)

propos[11]. Les femmes apprennent à tenir les livres et à gérer le commerce en l'absence du mari, pendant que les fils complètent leur apprentissage au Canada ou en France. Ces gens s'appliquent avec beaucoup de sérieux à s'enrichir, à devenir respectables et à se faire considérer sur le plan social. Contrairement à l'aristocratie urbaine, ils mènent une vie paisible et œuvrent dans les affaires publiques et paroissiales. Selon l'auteur de *Habitants et marchands de Montréal*, la fonction de marguillier à Notre-Dame n'est exercée au 18e siècle que par des bourgeois et des marchands. À l'époque, l'exercice de cette fonction marque une certaine forme de consécration sociale que ne dédaignent pas les gens les plus en vue. Ce sont également les marchands qui s'occupent du secours des pauvres[12]. En juin 1698, lors de l'établissement du Bureau des pauvres de Montréal, deux «marchands bourgeois» siègent parmi les membres du bureau de direction: Jacques Leber et Pierre Lamoureux-Saint-Germain. Ce sont aussi des marchands qui, un peu plus tard, iront quêter pour le Bureau dans les faubourgs et les côtes environnantes de la ville[13].

Les « médiocres »

«Médiocres au sens classique du terme, c'est-à-dire *moyens*, ainsi appelait-on avant 1750 les gens qui n'étaient ni "aisés", ni "pauvres"», rappelle l'historien français Pierre Goubert. Aux confins de l'indépendance économique, ces gens possèdent peu de biens. Qu'on en juge. L'épouse d'un huissier royal, Jean-Christophe Decoste, la veuve Marie-Josèphe Dumouchel, détient des biens meubles pour une valeur de 148 livres 15 sols, et a contracté des dettes d'un montant de 39 livres 4 sols. Ses biens meubles consistent principalement en un «lit de plume couvert de cotty», deux vieux draps de Beaufort et deux vieilles couvertures, un fauteuil à pieds tournés, un buffet en pin, huit chaises, une table, quelques chaudrons de fer et de cuivre, ainsi qu'un certain nombre d'ustensiles et d'assiettes d'étain[14]. En général, les gens de métier, les domestiques et les soldats appartiennent à cette strate sociale.

Les gens de métier.   Dans les villes grouille une foule de « petites gens » pratiquant divers métiers, depuis ceux du fer et du cuir jusqu'à ceux du bâtiment.

Les métiers du fer semblent permettre aux Canadiens qui les exercent de bien vivre. Il en va de même des tanneurs. Les cordonniers, par contre, font de toutes petites affaires tant à Montréal qu'à Québec. Les particuliers de la ville et des côtes environnantes constituent leur clientèle, de même que les marchands qui achètent en bloc leur production d'une année, et le roi qui leur commande des souliers pour chausser ses soldats. Quant aux menuisiers, charpentiers et maçons, leur niveau de vie varie selon les époques. En hausse, lorsque l'État met en marche de grands chantiers comme la construction des murs d'une ville, sinon très modeste[15].

Les apprentis.   Les gens de métier entretiennent entre eux des relations étroites marquées par l'apprentissage et le mariage. Il arrive souvent que l'apprenti placé chez un maître soit lui-même fils, beau-frère ou neveu d'artisan. C'est le cas de René-Michel Levasseur, fils du sculpteur François-Noël de Québec. Il fait l'apprentissage du métier de menuisier à Montréal chez le maître François Filliau Dubois[16].

La cordonnerie, largement pratiquée dans la région de Québec, s'exerce à l'aide d'outils semblables à ceux qu'on trouve en France à cette époque. Au mur, diverses formes servent à trouver la pointure exacte du client dont les chaussures sont faites sur mesure. (D. Diderot, *Encyclopédie... Recueil de planches*. Paris, 1763. Photo: MNC 74-12064)

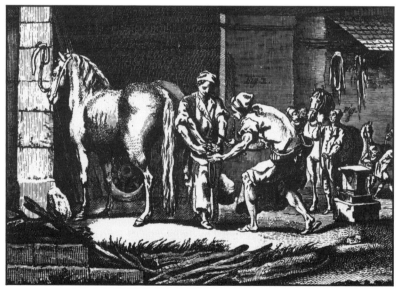

Atelier du maréchal-ferrant. Un apprenti tient la patte du cheval. (D. Diderot, *Encyclopédie... Recueil de planches*, Paris, 1763. Photo: MNC 74-12064)

C'est habituellement entre dix et dix-sept ans qu'un enfant est confié par contrat notarié à un maître afin que ce dernier lui montre son art. Le jeune adolescent placé en apprentissage endure des conditions de travail strictes sinon dures quelquefois. Logé chez le maître, il mange à sa table et se fait instruire par lui tout autant que par les compagnons qui travaillent à la boutique. Le patron et sa femme ont l'obligation de le traiter comme leur propre enfant, de veiller sur sa conduite, de voir à ce qu'il fréquente les églises, reçoive les sacrements et qu'il ne soit pas en relation avec les ivrognes et les libertins. Ils ont le devoir, le cas échéant, de le corriger mais, ajoute-t-on, avec toute «la douceur possible[17]». Bref, leur autorité est comparable à celle des parents sur leur enfant. L'apprenti est «adopté» temporairement pour trois ou quatre ans. En retour, il doit obéir au maître, «le servir fidèlement, faire son profit, éviter son dommage[...] et généralement faire tout ce qui lui sera commandé de licite et honnête[18]». La dépendance à l'égard du patron est complète; l'apprenti ne peut le quitter sans sa permission en aucun moment avant la fin de son contrat, sous peine d'être poursuivi en justice, condamné à des amendes et à terminer le contrat pour lequel ses parents se sont engagés[19]. Le jeune homme est tenu d'observer ces clauses. Malgré tout, il arrive à certains apprentis de faire des fugues, de quelques jours ou même de quelques mois. La plupart du temps, toutefois, c'est auprès de leur maître qu'ils reviennent car aucun autre patron ne peut les engager sans prendre le risque d'être accusé de les avoir «débauchés», et d'être poursuivi en justice[20].

Les domestiques ou «engagés».   Comme l'apprenti, le domestique est au service d'un maître. Ses conditions de vie sont similaires, mais sa tâche n'est pas aussi clairement définie. Il doit servir son maître «en tout ce qu'il lui commandera de licite et d'honnête[...] et faire tout ce que peut et doit faire un bon et fidèle domestique selon ses forces sans, pendant tout le temps de son engagement, pouvoir s'absenter[21]».

Il y a deux catégories de domestiques selon les types de rémunération: ceux qui sont rétribués par un salaire, ou domestiques «à gages»; et les domestiques «à récompense», qui reçoivent une récompense, des dons, à la fin de leur engagement, lequel coïncide souvent avec leur mariage.

Les premiers appartiennent à la catégorie des domestiques de carrière. Ils sont rares et chers au Canada à l'époque. Un domestique ayant quinze ans d'expérience peut recevoir au moins 90 livres par année en plus de son logement, de sa nourriture, de son habillement et de son entretien. Ce sont surtout des célibataires, des veufs et des veuves qui s'engagent pour une durée ne dépassant guère deux ans. On voit par exemple Antoine Hallé de Montréal se mettre au service d'André Souste le 21 novembre 1725 pour une année. Souste promet de lui fournir « son bois, manger, feu, gîte et lumière, de blanchir son linge, de lui raccommoder ses ''hardes'' et de le traiter doucement et humainement » en plus de lui verser un salaire de 130 livres[22]. Le domestique adulte, pas plus que l'apprenti, ne peut quitter son service ni aller travailler ailleurs sans le consentement de son maître, qui peut le forcer par la prison à respecter ses engagements. En décembre 1715 par exemple, Jean Quenet, marchand bourgeois de Montréal, demande au juge de la juridiction royale d'emprisonner son domestique Charles dont il n'a pu « tirer aucun service » depuis qu'il l'a engagé à La Rochelle en juin 1714[23].

Mais le plus souvent, on embauche des domestiques « à récompense ». Les familles aisées engagent des enfants de familles nombreuses dont les parents ont de la difficulté à joindre les deux bouts. À Québec, au 18e siècle, plus des trois quarts des employés domestiques appartiennent à cette catégorie, venus pour la plupart de familles de plus de dix enfants dont le père est habitant, journalier ou artisan[24]. La même situation prévaut à Montréal pour l'ensemble des domestiques juvéniles[25]. En général, ces jeunes serviteurs et servantes sont recrutés dans les régions environnantes. Il s'agit d'enfants de familles nombreuses, mais aussi d'enfants illégitimes, d'orphelins et d'enfants abandonnés que l'État place chez un particulier. Ils demeurent au service de leur maître jusqu'à l'âge de 18, de 20 ou de 25 ans, ou encore jusqu'à leur mariage dans le cas des filles. Le maître ne leur verse aucun salaire, s'engage seulement à les loger, à les nourrir, à les entretenir, à les soigner, à les élever dans la religion catholique et à les traiter comme ses enfants. Enfin, plusieurs contrats stipulent qu'à la fin de l'engagement, il doit les habiller « tout de neuf » et « des pieds à la tête[26] ».

Les soldats. Les militaires occupent l'espace urbain encore plus que les autres groupes sociaux. Ils sont membres de troupes réglées, les « compagnies franches de la marine », et relèvent du ministère de la Marine en France. Un certain nombre, à compter de 1755, appartiennent aux « troupes de terre » rattachées au ministère de la Guerre.

Dans la ville, ils montent la garde devant les magasins du roi et les principaux édifices administratifs de même qu'aux portes de la cité. Ils assurent aussi aux citadins une certaine sécurité en gardant, par exemple, les prisonniers hospitalisés. Ils jouent le rôle de policier en allant à la recherche des criminels en compagnie des archers de la maréchaussée. Lors des exécutions publiques, ils veillent à la sécurité du peuple présent au « spectacle ». Enfin, ils s'assemblent régulièrement sur la place d'armes pour participer aux exercices militaires et aux revues trimestrielles[27].

Lorsqu'ils ne se livrent pas à des activités reliées à leur emploi, un certain nombre de soldats arrondissent leur solde en accomplissant diverses tâches. Généralement sans métier, c'est comme journaliers qu'ils s'engagent. Pour les autorités coloniales, le travail civil du soldat est une bonne façon de pallier à la rareté et à la cherté de la main-d'œuvre ouvrière au 18e siècle. Des ordonnances de 1695 et de 1751 encouragent les militaires qui ont un métier, et même ceux qui n'en ont aucun, à louer leurs services aux bourgeois des villes de Québec, de Trois-Rivières et de Montréal. On voit donc des militaires s'engager auprès de particuliers et pratiquer divers métiers, maçon, jardinier, perruquier, cabaretier, boulanger, etc. Les soldats acceptent de travailler à la journée à des gages inférieurs à ceux des civils à qui ils font ainsi une concurrence malencontreuse[28]. Toutefois, au 18e siècle, le principal emploi civil des militaires est celui de manouvrier pour la construction des murs d'enceinte des villes de Québec et Montréal[29]. Mais si la présence des soldats dans la ville a eu des effets plutôt nuisibles sur la distribution de l'emploi, en termes de consommation, elle a joué un rôle favorable.

Dans la ville, l'absence de casernes jusque vers la fin du Régime français contraint les autorités à loger les militaires chez les citadins. Les habitants des villes n'ont pas le choix, ils doivent accueillir sous leur toit le soldat qui se présente chez eux avec à la main un billet de logement signé des autorités et « vivre avec lui en bonne intelligence ». Ils ont l'obligation de lui four-

Reconstitution des costumes d'époque des soldats des Compagnies franches de la marine : à gauche, les officiers ; au centre, les sous-officiers munis de leur hallebarde ; derrière, à droite, les simples soldats. (Parcs Canada, Louisbourg. Photo : J. Marchand)

nir un lit garni, une écuelle, une place à son feu et la chandelle[30]. Le soldat doit se satisfaire de la chambre et du lit que son hôte lui donne. En principe, le soldat reçoit sa ration quotidienne des magasins du roi et est censé préparer lui-même sa nourriture. En pratique, il remet sa ration à son logeur et mange aux mêmes plats que ce dernier. On sait peu de choses sur les relations hôtes-soldats, mais il semble qu'elles aient été assez cordiales.

Un des avantages pour le soldat de résider chez un particulier est la liberté quasi totale de mouvement dont il jouit, la discipline militaire étant presque impossible à appliquer dans ce cas-là[31]. Il a donc la possibilité de circuler librement dans la ville et de jouir de beaucoup de temps libre, spécialement en hiver alors que les activités militaires sont réduites à leur minimum. Les soldats se retrouvent alors souvent au cabaret où ils peuvent se chauffer gratuitement, rencontrer des collègues, boire, jouer aux cartes, bref s'amuser avec leur camarades et les Canadiens et Canadiennes qu'ils y rencontrent[32]. Ils aiment aussi y prendre leurs repas et quelquefois ils apportent la viande que le propriétaire leur prépare. Les militaires

Le métier de sellier pratiqué en France est également exercé dans les villes canadiennes. (D. Diderot, *Encyclopédie… Recueil de planches.* Paris, 1763)

sont de bons consommateurs de bière, de vin et d'eau-de-vie, ce qui explique leur présence fréquente dans les cabarets et auberges[33]. À l'occasion, les séjours dans ces lieux dégénèrent en beuverie et débauche, qui conduisent les soldats à commettre des vols et du faux-monnayage, et à provoquer des duels.

Près de la moitié des vols commis par les soldats sont perpétrés sous l'influence de Bacchus. C'est du moins l'excuse qu'avancent plusieurs d'entre eux. Au moment du vol, disent-ils, «ils ne savaient pas ce qu'ils faisaient», «la boisson [les] dominait», «ils étaient échauffés de boissons[34]». Ainsi, après avoir passé la journée à boire et à jouer aux cartes dans un cabaret, les vapeurs de l'alcool aidant, ils sautent la clôture d'un jardin et forcent la porte d'un marchand. Souvent l'argent des vols leur permet de continuer à boire. En novembre 1750, Jacques Canebier dit Lafleur, jeune soldat de 20 ans en garnison à Montréal et logé par billet chez le cabaretier de la rue Saint-Paul, Nicolas-Louis Boulé, avoue avoir volé des vêtements à son hôte et les avoir vendus pour lui rembourser l'argent qu'il lui doit et pour continuer à boire[35].

Le cabaret peut aussi être le lieu où les militaires fabriquent de la fausse monnaie. À l'automne de 1717, quatre soldats en garnison à Montréal, Nicolas Petit, Jacques Laroche dit Léveillé, Nicolas Payet dit Jolibois et Pierre Vendard dit Vincent, sont

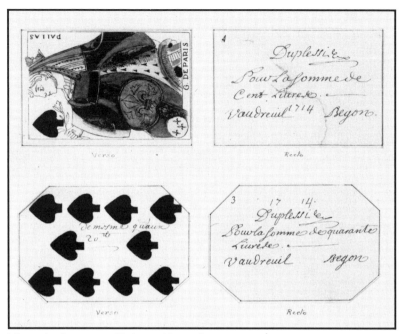

Monnaie de carte utilisée en Nouvelle-France en 1714. (APC, C-17059)

réunis chez le cabaretier Saint-Jean et produisent en série de fausses cartes. Pendant que le soldat Nicolas Petit écrit sur la carte « pour la somme de », et frappe avec un poinçon les cachets, son camarade Nicolas Payet imite les signatures des autorités coloniales. Pierre Vendard, de son côté, vérifie la « qualité » de la carte ainsi fabriquée. Pendant ce temps-là, le tambour Jacques Laroche « bat de sa caisse » pour couvrir le bruit que fait Petit en frappant les cachets[36]. Contrefaire la monnaie au Canada est d'autant plus facile que l'argent sonnant y est rare et que les autorités utilisent pour le remplacer de la monnaie de papier telle que cartes à jouer, ordonnances et certificats de paiement. Comme pour les vols, la boisson est l'excuse avancée par les militaires pour expliquer leur délit. On fabrique de fausses cartes, de faux billets pour se procurer de l'eau-de-vie.

C'est aussi au cabaret que les duels prennent naissance. La moindre insulte au jeu peut être l'occasion d'une provocation en duel. Mais la plupart du temps, les duels qui éclatent dans les cabarets se terminent à l'écart dans un endroit discret — le long des remparts ou des murs de la ville, par exemple — loin des curieux et surtout des autorités militaires et judiciaires, car l'on sait que si l'on se fait prendre, on est passible de la peine de mort. Deux sergents des troupes de la marine, les sieurs Deville et Delmas, après avoir passé une partie de la journée à se promener en carriole et à boire, s'arrêtent dans une auberge de Montréal pour manger et continuer à boire. Après le souper, lorsque vient le moment de payer le vin, ils se traitent mutuellement de « blanc bec », de « laquais », de « petit visage » et se provoquent en duel. Sortis du cabaret, ils commencent à se battre dans la rue, mais comme des gens se présentent pour les séparer, ils se retirent dans une ruelle tout près où ils portent de nouveau la main à l'épée. Des spectateurs interviennent encore une fois pour arrêter le combat. Les deux soldats n'abandonnent pas pour autant leur projet et se rendent sur le terrain du sieur de Beaujeu où, loin des regards des passants, ils peuvent en toute liberté se battre en duel. Deville reçoit un coup d'épée au travers du corps et meurt sur-le-champ, ce qui contraint Delmas à prendre la fuite[37]. Le duel est, à l'époque, un phénomène propre à l'armée. On s'y bat à grade égal, entre sergents ou entre soldats.

Les soldats sont également de bons clients des prostituées. Ils sont bien connus des « femmes légères » de la colonie. En août 1754, le soldat Saint-Rémi raconte, à l'enquête pour vol de Josette Dumesnil dite Petitpas, que celle-ci s'est adressée à lui sur la place du marché à Montréal vers les six heures du matin en lui disant: « Mon pauvre Saint-Rémi, je me meurs de faiblesse, je n'ai point d'argent, fais-moi la charité d'un coup d'eau-de-vie. » Voyant qu'elle « relevait de couches », il lui achète un échaudé (gâteau léger) et lui paie un demiard d'eau-de-vie qu'ils boivent ensemble sur les remparts. La Petitpas affirme à son interrogatoire avoir accouché d'un enfant qu'un soldat du nom de Léveillé « lui a fait dans un champ[38] ». En mars 1754, la prostituée Marie-Louise alias Lisette Baudin alias Desjardins, déclare à son interrogatoire pour vol qu'elle a passé deux jours avec les soldats Pierre Gouet dit Lalime et Lafleur. Après leur avoir donné à souper dans la maison de sa maî-tresse, elle leur a servi du vin et de l'eau-de-vie qu'elle a bu

Un charretier et un porteur, devant l'église des Jésuites. Détail d'une gravure de Richard Short, 1761. (APC, C-354)

avec eux avant de quitter la demeure. Ils vont coucher « tous ensemble » dans une maison abandonnée près de Longueuil. Le lendemain, le groupe se rend dans une autre maison abandonnée où il reste une bonne heure. Et après avoir été chez divers habitants, il y retourne vers les 10 heures du soir. C'est là que, vers minuit, les trois « amis » sont arrêtés par la garde de Montréal[39].

Les journaliers. Le sort des plus humbles travailleurs des villes, les journaliers, n'est pas très reluisant. Le gouverneur Frontenac et l'intendant Champigny, vers la fin du 17e siècle, en sont bien conscients : « Il est vrai que les salaires des ouvriers sont forts, mais il est nécessaire en même temps de considérer qu'ils ne peuvent travailler que cinq mois de l'année à cause de la rigueur de l'hiver et qu'il faut durant ces temps qu'ils gagnent de quoi subsister pendant les sept autres mois, ainsi nous ne croyons pas qu'il y ait rien à leur retrancher ayant peine à vivre[40]. » Certes, comme le mentionne Pehr Kalm, « un homme de journée ordinaire reçoit 30 à 40 sols par jour[41]», mais, précise Louise Dechêne :

> La journée de trente sols ne vaut que pour les travaux de courte durée et lorsqu'un artisan a besoin d'un manœuvre pour la saison, il lui verse plutôt des gages mensuels variant entre douze et quinze livres. En achetant le pain chez le boulanger, il faut compter quatre sols par jour pour une ration équivalente à celle du soldat, soit un minimum de 50 livres pour nourrir une personne pendant les mois d'inactivité. Ajoutons le loyer d'une chambre à feu, entre 50 et 70 livres par année, il ne reste rien. Vienne une année de cherté, le manœuvre est incapable de subsister... En bâtissant sa propre cabane dans les faubourgs, il économise le prix du loyer, mais il est certain qu'avec une famille à charge, le voilà réduit à la mendicité[42].

Les travailleuses féminines. Les travailleuses féminines se retrouvent aussi bien parmi les journaliers que parmi les autres groupes sociaux. L'important pour ces femmes est de s'assurer d'un minimum vital pour elles et leurs familles. Elles occupent aussi bien les emplois de servante, de blanchisseuse, de couturière, de vendeuse ambulante, que ceux de marchande, de cabaretière et d'aubergiste. Chez les «médiocres» comme chez les pauvres, elles jouent un rôle important sur le plan économique pour aider le mari à joindre les deux bouts. Souvent, elles sont intimement associées à l'entreprise familiale. Les femmes d'aubergistes et de cabaretiers, par exemple, travaillent à côté de leur conjoint, et les compagnes des artisans surveillent les jeunes apprentis. D'autres acceptent chez elles des chambreurs. La femme du peuple joue ainsi un rôle actif sur le plan économique au sein de la famille urbaine[43].

Les pauvres

Les villes ont toujours un fond de misère. La mendicité et la pauvreté y sont permanentes. Ce sont surtout les femmes qui doivent vivre plus ou moins à la charge de la paroisse et des communautés religieuses. À la fin du 17e siècle, les deux tiers des démunis secourus par le Bureau des pauvres à Montréal sont des femmes, des veuves pour une grande part. La mort de leur mari, qui est normalement le seul à faire vivre la maisonnée, les laisse sans ressource. Si, en plus, le mari n'a laissé que des dettes, la veuve est tout à fait dépourvue. C'est le cas de Catherine Durant, veuve de Pierre Fauteux qui, comme le souligne le curé de Saint-Sulpice, n'a pas les moyens, à cause de « sa grande pauvreté », de payer un notaire pour faire faire l'inventaire des biens de son défunt mari. D'ailleurs, ajoute le curé, elle est obligée d'avoir recours aux « aumônes des fidèles pour faire subsister sa famille ». Ses possessions se résument à un métier à tisser la toile, une vache, une jument, deux moutons et deux jeunes taureaux, un vieux poêle, un peu de vaisselle d'étain, deux vieux coffres, une vieille table et quatre vieilles chaises. Par contre, le total de ses dettes équivaut à quatre fois la valeur de ses avoirs, soit 640 livres. Elle doit encore les trois quarts de sa terre. Les lods et ventes de même que les cens et rentes n'ont pas été payés depuis dix ans[44].

De la situation de la veuve, il y a lieu de rapprocher celle des épouses abandonnées ou délaissées dont les maris sont soit retournés en France, soit « absents » de la colonie depuis un an ou deux, partis faire la traite des fourrures dans les Pays d'en haut. Souvent, ces femmes n'ont pas d'autre choix pour survivre que de se livrer au vol ou à la prostitution. C'est le cas de Marie-Louise Baudin alias Desjardins dont le mari Pierre Thibault dit Saint-Jean, cuisinier, est « absent du pays, à la Martinique ». Selon son propre aveu, elle vole du linge chez divers habitants pour se vêtir et payer son voyage de Montréal à Trois-Rivières[45]. En 1754, lors de son troisième procès pour vol en trois ans, un témoin, le soldat Pierre Gouet dit Lalime, déclare que la Baudin est connue « pour une toupie [femme peu vertueuse] qui roule dans la ville avec les autres comme elle[46] ».

Pour contrer cette misère et cette criminalité, les communautés urbaines se doivent de porter secours à leurs pauvres. Les procès-verbaux des délibérations des Bureaux des pauvres de Québec et de Montréal attestent que ces deux villes s'acquittent de cette obligation :

A été déclaré qu'il sera donné à la veuve du soldat Garnier, huit livres en marchandises.

À Rémi Roy dit Lacroix sera donné six livres en marchandises qui seront attribuées à sa femme.

À la femme de Poudret sera donné pour chaque mois à commencer du présent mois un minot et demi de blé de froment par mois. [...]

Il sera donné à la Dagenais, veuve du roi, six minots de blé ou sa valeur pendant six mois qui est un minot de blé par mois.

De plus, sera donné à la femme de Serval dix-huit livres en marchandises [...]

À la femme de Geoffrion sera donné par le bureau dix-huit livres en marchandises et une de viande que M. de Saint-Germain lui fournira[47].

Les autorités urbaines considèrent deux sortes de pauvres : ceux qui sont incapables d'exercer un emploi parce qu'ils n'ont « ni talent, ni métier, ni les forces suffisantes pour le faire » à cause d'une infirmité, et ceux qui peuvent travailler et gagner une partie de leur vie, mais à qui il manque des outils et des secours pour faire vivre une grande famille[48]. L'aide qu'on apporte aux uns et aux autres dépend de la catégorie à laquelle ils appartiennent.

La misère pousse souvent au crime et à l'errance. Dans la colonie, le vol est en effet fréquemment commis par des gens dans le besoin. Ainsi, lorsque Antoine Verny se présente devant François Daine, juge de la prévôté de Québec, le 27 septembre 1750, sous l'accusation d'avoir volé, la première chose qu'il fait est de montrer sa poitrine au juge en déclarant : « Voyez, je suis maigre comme un pigne [pomme de pin] ». Il espère par là éveiller la pitié du juge[49]. Pour Pierre Malherbe dit Orléans, journalier, c'est le froid qui le pousse au vol. N'ayant, au début de novembre 1732, qu'une chemise et un vieil habit d'été à se mettre sur le dos, il force la porte du marchand montréalais, Jacques Gadois dit Mauger, pour reprendre le « capot » qu'il y a mis en gage[50]. Le journalier François Laurent, ne trouvant pas de travail, est contraint en décembre 1733 de voler des bas et des souliers français à des habitants de la Côte-du-Sud pour « s'habiller[51] ». C'est pour manger que deux jeunes adolescents, Étienne Lefebvre Bellerose dit Cani, orphelin de 15 ans, et sa compagne, âgée de 14 ans, Josèphe

Julien, volent des biens aux religieuses de l'Hôtel-Dieu de Montréal. La plupart du temps, ces deux jeunes gens vivent de la charité publique. Plus d'une fois les Hospitalières de l'Hôtel-Dieu ont dû leur porter secours. Mais un jour, en ayant probablement assez de toujours leur demander « la charité pour l'amour de Dieu », ils pénètrent par effraction dans la procure de la maison des religieuses et prennent ce dont ils ont besoin. Par trois fois au moins, Josèphe Julien fait le guet dans le tambour de l'institution pendant qu'Étienne se glisse dans la procure par une petite porte située au-dessous des grilles, par où l'on passe les paquets aux religieuses cloîtrées. À chaque fois, il met la main sur divers objets, depuis des bas de laine, des souliers de chevreuil, de l'« étoffe du pays », du savon, de la chandelle, du vin et de l'eau-de-vie jusqu'à une *Imitation de Jésus-Christ*, qu'Étienne et Josèphe revendent par la suite pour se procurer de la nourriture[52].

Fréquemment aussi, les vols sont commis par des vagabonds et des mendiants. À son procès, la veuve de Pierre Marcil, Charlotte Dumesnil dite la Musique, déclare que, le 22 février 1753, elle allait de maison en maison dans les rues de Montréal demander l'aumône « pour une pauvre femme bien malade qui avait cinq enfants ». Prétextant la perte d'une de ses mitaines chez le notaire et marchand Antoine Foucher chez qui elle avait reçu un morceau de pain, elle revint lui voler une petite marmite[53].

Cette mendicité cause problème et, dès le 17e siècle, les autorités veulent la contrôler. Les mendiants construisent leurs demeures, des « cahutes », aux alentours des murailles. Selon les autorités urbaines, ces huttes sont « des lieux de scandale et de désordre, de pareilles gens n'ayant aucun honneur et y retirant toute sorte de gueusaille ». L'État leur défend de « gueuser et mendier » dans la ville sous peine de punition corporelle[54]. Toutefois, il est toujours très difficile de réprimer ces miséreux, les archers de la maréchaussée n'étant jamais assez nombreux pour contrôler leurs allées et venues. Au 18e siècle, le gouverneur Beauharnois doit revenir à la charge et demander d'arrêter « toutes les personnes errantes et sans aveu » car, selon le gouverneur, le nombre de « vagabonds augmentait beaucoup et intimidait les habitants ». À cette fin, on met sur pied un détachement composé de vingt-quatre miliciens et de quatre officiers qui, pendant deux mois, patrouillent la ville de Québec jour et nuit jusqu'à ce qu'il ne reste aucun mendiant ou vagabond[55].

La misère conduit des femmes à la prostitution. Sans ressources financières, elles vivent du fruit de leurs activités, qu'elles exercent dans les cabarets et certaines maisons ou encore sur les remparts. Souvent, d'ailleurs, elles n'ont pas de demeure fixe et voyagent d'une ville à l'autre. Josette Dumesnil dite Petitpas déclare, en entrant dans la prison de Montréal, qu'on l'a arrêtée à temps car elle s'apprêtait à partir pour Québec[56]. Ces femmes marquées par l'infamie de leur conduite, la société canadienne en fait périodiquement des exemples en les enfermant à l'Hôpital Général pour des périodes ne dépassant pas un an.

La pauvreté de certaines les conduit à abandonner leurs enfants. La mère célibataire Marie-Anne Germaneau de Montréal affirme au notaire Jean-Baptiste Adhémar en 1728 n'être pas « en état de nourrir, faire nourrir, élever et entretenir » son « fils naturel et non légitime », Nicolas-René, âgé de deux ans ; elle est donc contrainte de l'abandonner. On place l'enfant chez les Frères Charon[57]. Dans *Les naissances illégitimes sur les rives du Saint-Laurent avant 1730*, Lyne Paquette dénombre 749 enfants illégitimes, dont 375 en milieu urbain. Cela représente 2 % du total des naissances en milieu urbain, contre seulement 1 % à la campagne. Parmi les trois villes, c'est Montréal qui en compte le plus avec 201 naissances illégitimes, soit 54 %, contre 164 pour Québec, et 10 pour Trois-Rivières[58].

La misère pousse des veuves et des femmes abandonnées par leur mari à placer chez des particuliers les enfants qu'elles sont incapables de nourrir. Voilà la situation dans laquelle se trouve Françoise Alary à Montréal en 1727 : son mari Claude Menesson a quitté le foyer conjugal sans raison apparente et l'a laissée sans ressource avec ses sept enfants[59].

Certains parents ne prennent même pas la peine de trouver une autre famille pour les enfants qu'ils ne sont plus capables de nourrir : malgré les rigueurs du climat canadien, ils les abandonnent en pleine nuit sur les marches à l'entrée d'un couvent, d'un hôpital ou d'un séminaire. C'est le sort que subit ce nouveau-né trouvé sur les marches du Séminaire de Saint-Sulpice à Montréal vers trois heures et demie du matin, le

Des religieuses de l'Hôpital Général de Montréal recueillant un enfant trouvé. Dessin anonyme. (MAC, NC-3553)

3 octobre 1717. Le jeune bébé n'est enveloppé que d'une couche, d'un vieux morceau de couverture anglaise et d'un lange de « carisé ». Il a sur la tête un petit bonnet de taffetas noir[60]. D'autres fois l'enfant est déposé dans le « tambour » de la maison d'une sage-femme, dans l'espoir que cette dernière saura en prendre soin[61].

Une fois recueilli, l'enfant trouvé est pris en charge par l'État. Le procureur du roi de la juridiction a la responsabilité de ces « enfants du roi ». Il doit d'abord leur trouver une nourrice à qui il offre sept livres par mois pour prendre soin du bébé[62]. Une fois sevré, l'enfant est placé dans une famille à qui le procureur verse une fois pour toutes une somme d'argent variant entre 30 et 260 livres. Par exemple, le 23 mai 1726, Jean Brou dit Pomainville, habitant de Lachine, et sa femme Élisabeth Brunet acceptent de prendre soin, de nourrir, d'élever et d'instruire jusqu'à l'âge de vingt ans « un enfant trouvé nommé Joseph âgé d'environ six mois » en retour du versement par l'État d'une somme de 80 livres de France[63].

Les esclaves

Les esclaves occupent le dernier échelon de la société urbaine canadienne. Au Canada, tout comme dans les Antilles ou dans le Sud des colonies américaines, le Noir est esclave. Mais dans les villes du Saint-Laurent au 18e siècle, les esclaves sont le plus souvent des Amérindiens « panis ». Originaires des plaines de l'Ouest, ils appartiennent aux groupes Cris, Assiniboines et surtout Pawnee du Missouri. L'historien Marcel Trudel en a dénombré 1685 pour tout le Régime français. C'est ainsi qu'au milieu du 18e siècle, la plupart des marchands et officiers civils ou militaires possèdent habituellement deux esclaves. Quant aux esclaves noirs, ils ne commencent à prendre de l'importance sur le plan numérique que dans les vingt dernières années de la colonisation française. Marcel Trudel en a compté 402 au total[64].

Au début du 18e siècle, l'intendant Raudot légalise l'achat d'esclaves au Canada. Le 13 avril 1709, il déclare que « tous les Panis et les Nègres qui ont été achetés et qui le seront par la suite, appartiendront en pleine propriété à ceux qui les ont achetés comme étant leurs esclaves[65] ». Sur le plan juridique, l'esclave est considéré comme un bien meuble. C'est à ce titre qu'il est vendu par son propriétaire[66]. Le notaire l'évalue avec les autres biens mobiliers lorsqu'il dresse l'inventaire des biens après décès. C'est ainsi que, par exemple, on trouve mention de deux esclaves noirs dans l'inventaire du baron Charles Lemoyne de Longueuil :

> Deux vieilles scies de travers montées, prisées et estimées quarante sols pièces revenant au dit prix à la somme de quatre livres cy 4
>
> Un esclave nègre d'environ vingt-cinq ans, nommé Mercure, prisé et estimé à la somme de cinq cents livres cy 500
>
> Une fille esclave négresse, âgée d'environ trente ans, prisée et estimée à la somme de cinq cents livres cy 500
>
> Un sciot monté, prisé et estimé trente sols cy. 1.10 sols

Une paire de tenailles et un gros marteau prisé
et estimé ensemble quarante sols cy[67]....... 2

L'esclave peut voisiner sur la liste avec les animaux du défunt :

Un Panis de nation âgé d'environ dix à onze ans,
estimé cent cinquante livres cy............. 150

Une vache à son second veau, sous poil rouge,
estimé trente livres cy[68].................... 30

Sur le plan social, l'esclave jouit de peu de considération. Tout de même, il a le droit de porter le nom de famille du maître et d'être soigné à l'hôpital en cas de maladie. L'Église catholique l'accepte dans son sein et lui administre le baptême. Un petit groupe a été confirmé et admis au sacrement de l'Eucharistie. Marcel Trudel note que dans les listes de confirmés, les esclaves sont énumérés parmi les personnes libres sans aucune distinction. Quant au sacrement de l'Ordre, le *Rituel* de Mgr de Saint-Vallier stipule qu'un esclave ne peut devenir prêtre. Le mariage, par contre, lui est permis à condition qu'il ait obtenu le consentement de son maître[69]. En général, estime Trudel, les maîtres se conduisent humainement envers eux, les considérant plutôt comme des domestiques. Plusieurs propriétaires les traitent même comme leurs propres enfants.

Les trois quarts des esclaves sont en ville. Près des deux tiers résident à Montréal, le tiers à Québec et seulement 1,1 % à Trois-Rivières. Contrairement à ce que les autorités avaient en vue à l'origine en demandant au roi l'autorisation d'avoir des esclaves dans la colonie, très peu parmi ceux-ci servent de main-d'œuvre à l'agriculture ; les gens les utilisent surtout comme serviteurs et servantes.

Dans la vallée du Saint-Laurent, l'esclavage reste peu important sur le plan numérique : des origines à sa disparition au 19e siècle, on ne relève que 3602 esclaves, alors que la Louisiane et les Antilles françaises en comptent, vers 1745, respectivement 5000 et 250 000. C'est que, là, l'esclavage est lié à des impératifs économiques, alors qu'au Canada, il est rattaché à des questions de considération sociale. Être propriétaire d'un ou de deux esclaves noirs démontre à tous que l'on a atteint un haut niveau social[70].

*

La société urbaine du Régime français paraît donc avoir été formée plutôt de couches ou de groupes sociaux que de classes. Certes, la division entre dominants et dominés marque la vie quotidienne des citadins, mais elle est moins source de conflits que fait inévitable. Les trois ordres traditionnels, clergé, noblesse et tiers état, présents dans la ville, n'ont pas beaucoup d'importance dans le fonctionnement de la machine sociale. La population urbaine se répartit plutôt en de multiples groupes sociaux qui constituent « autant d'écailles recouvrant le grand corps » social de la ville[71].

Chapitre 3

Les besoins collectifs

La ville assure à ses habitants une double protection. Pour résister aux attaques des ennemis extérieurs, Anglais et Amérindiens, elle érige divers types de fortifications. Pour répondre, d'autre part, aux besoins de la population à l'intérieur, elle doit s'occuper de l'approvisionnement en eau, de l'hygiène publique et de la lutte contre les incendies.

La défense : l'enceinte urbaine

Au 18e siècle, Montréal, Québec et Trois-Rivières sont entourées de murailles protectrices contre les attaques des Anglais et Amérindiens. À Montréal, au début du siècle, les murs de bois de la fortification tombent en ruine. L'ingénieur du roi, Chaussegros de Léry, écrit au ministre de la Marine en 1717 que la fortification « n'est formée que d'une mauvaise enceinte de pieux, dont une bonne partie sont pourris. Les habitants y ont fait plusieurs ouvertures et il n'y a aucune porte en état de fermer. [Les Anglais] pourraient enlever cette ville très aisément dans l'État où elle est présentement[1]. » L'État décide alors de remplacer le mur de bois par une enceinte en pierre de 5,5 mètres environ de hauteur avec bastions et autres embellissements. Cette nouvelle muraille est terminée en 1738[2]. M. de Beaucours, major de la ville, écrit alors : « L'enceinte de la ville de Montréal est entièrement finie. Il n'y a que les glacis

Vue de Montréal et de ses fortifications, vers 1759. Gravure de J. Walker, dans C.R. Turtle, *An Illustrated History of the Dominion, 1535-1816*, Montréal, 1877. (APC, NMC-6497)

qui ne sont pas encore en leur perfection dans plusieurs endroits. Il y a huit grandes portes, et huit petites, savoir cinq grandes du côté du fleuve, et cinq petites. Cette quantité paraît nécessaire en cas de feu, et pour l'entrée des effets qui viennent en quantité de ce côté-là. Il y a une grande porte à chaque bout de la ville et une du côté de la campagne. Les petites portes sont situées, cinq du côté de l'eau et une au bout du sud-ouest de la ville, et deux du côté de la campagne[3]. »

En 1749, Pehr Kalm de passage à Montréal estime que la ville est « passablement bien fortifiée et entourée d'un mur élevée et épais. À l'est, elle est protégée par la rivière Saint-Laurent et sur tous les autres points par un fossé profond, rempli d'eau qui défend les habitants contre tout danger d'une incursion soudaine des troupes de l'ennemi[4]. » Les Montréalais peuvent donc se considérer à l'abri du danger des attaques des ennemis extérieurs.

Tout comme à Montréal, l'enceinte de Québec est construite à la fin du 17e siècle, de pieux plantés en terre. En octobre 1690, lors du siège de Québec par l'amiral anglais Phipps, les autorités coloniales font ériger des retranchements de pieux et de terre battue qui encerclent la ville du Cap-aux-Diamants au Sault-au-Matelot. C'est ce qui est indiqué comme les anciens retranchements sur le plan de 1760. L'alerte passée, le gou-

verneur Frontenac, avec l'aide de l'ingénieur du roi de Beau-
court, élabore un plan pour mettre la ville en état de se défen-
dre. De 1691 à 1709, ils font construire des batteries et des
redoutes et encercler la ville de remparts moins étendus que
les « anciens retranchements », mais formés comme eux de
pieux et de terre.

Toutefois, devant la nécessité de remplacer chaque année
les vieux pieux pourris et le peu d'empressement des citadins
à en fournir de nouveaux, les autorités décident dès le début
du 18e siècle de construire progressivement une muraille de
pierre[5]. Les travaux se déroulent assez rondement jusqu'en
1720, mais la période de paix que connaît alors la Nouvelle-
France conduit les autorités à interrompre les travaux. Pendant trente ans encore (1716-1745) et malgré sa détérioration
progressive, la « vieille enceinte » reste en place alors que les
bastions et courtines en pierre construits dans les vingt premières années du siècle attendent leur parachèvement. La prise

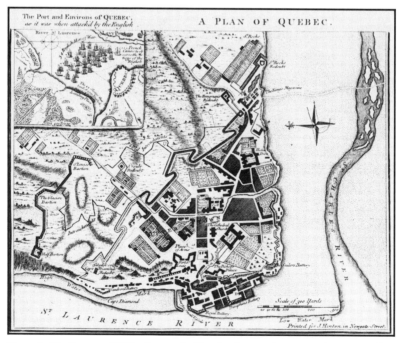

Plan de Québec en 1759 où sont indiquées les anciennes et les nouvelles
enceintes. (ANQ, NC-83-9-1-1)

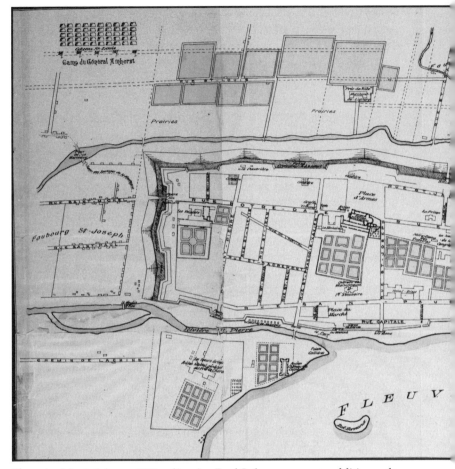

Plan de Montréal en 1761, d'après Paul Labrosse, avec additions de É.-Z. Massicotte, 1914. (ANQM)

de Louisbourg, par les Anglais en 1745, pousse les autorités à rouvrir le chantier fermé en 1720. L'ingénieur Chaussegros de Léry sort les plans de ses tiroirs, l'entrepreneur Désaulniers dirige les travaux de construction des murailles et Janson-Lapalme rebâtit les portes de la ville. Pendant ce temps, les soldats des troupes de la marine s'occupent de raser au sol la « vieille enceinte »[6]. En 1751, un soldat canonnier relate :

> Il y a ville haute et ville basse [à Québec]. La haute ville est fortifiée, du côté de terre, d'un fort rempart élevé de

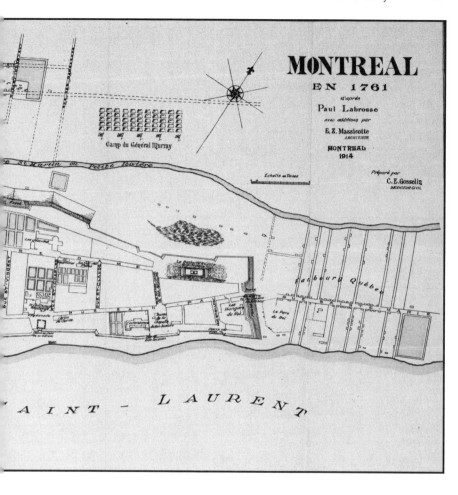

vingt-cinq pieds [huit mètres] sur autant d'épaisseur, plus en dehors d'un bon mur en pierres et plusieurs redoutes et bastions qui avec le rempart forment un circuit, depuis la côte d'Abraham du côté de la rivière Saint-Charles jusqu'au Cap Diamant. Ce rempart, avec les bastions et redoutes, peut contenir trois cent cinquante pièces de canons, toutes sur des plates-formes; mais il n'y en avait alors que cent vingt, toutes en fer, et de différents calibres.[...] L'enceinte de la ville est d'une lieue en forme triangulaire[7].

M. de Foligné, capitaine en second de la corvette *Swinton*, de passage à Québec à la fin du Régime français, laisse une description précise des fortifications de la capitale de la Nouvelle-France :

> Son enceinte peut avoir onze à douze cents toises de cir-conférence, bornée au nord par la petite rivière Saint-Charles [...] au sud par le fleuve [...] à l'est par le même fleuve [...] à l'ouest par la grande terre et chemin royal qui conduit à Montréal, fermée d'un très faible mur depuis le S.S.O. au N.N.O., élevé de 25 à 30 pieds [de 8 à 10 mètres environ] avec des espèces de fossés sans ouvrages avan-cés [...]. Québec a trois portes qui se trouvent dans la par-tie murée sans pont-levis, dont une au S.S.O. qu'on nomme porte Saint-Louis, qui conduit sur le chemin de Ste-Foy. Enfin le troisième se nomme porte du Palais, qui conduit dans le faubourg Saint-Roch et chemin qui va droit à l'Hôpital général [...]. Cette même porte conduit encore au chemin des paroisses de Beauport et Charlesbourg... La partie du nord est très escarpée, garnie de palissades de six pieds [3 mètres] de haut [...]. Depuis le S.S.E. au S.S.O. cette partie des remparts est garnie de palissades qui vont joindre le bout du mur S.S.O.[8]

Quant à la ville de Trois-Rivières, elle est encadrée d'une palissade de « pieux gazons et gabions[9] » jusqu'au moment où, en 1752, un incendie la détruit[10]. L'ingénieur du roi Franquet écrit à cette époque : « Avant l'incendie [...] elle [la ville] était fermée d'une enceinte de pieux de 10 à 12 pouces [de 25 cm à 30 cm] de diamètre sur 12 pieds [4 mètres]de hauteur, que le feu a brûlée, de manière qu'aujourd'hui elle est ouverte[11]. »

Toutes ces murailles coûtent fort cher à construire et à entre-tenir : à Montréal, par exemple, les citadins déboursent un demi million de livres[12]. À Québec comme à Montréal, on les « invite » avec les habitants des campagnes environnantes à donner des jours de « corvées » pour l'érection des fortifica-tions[13]. Ces frais importants poussent les autorités à réduire le plus possible le périmètre encerclé, ce qui a pour conséquence de resserrer l'espace réservé à ceux et celles qui désirent habi-ter à l'intérieur de l'enclos.

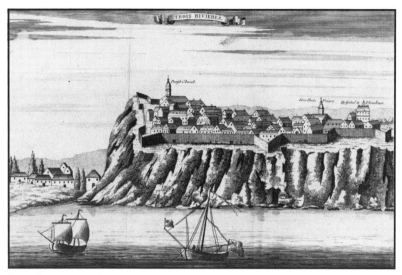

Vue de Trois-Rivières, avant 1752, entourée de « pieux gazons et gabions ».
(APC, NMC-99333)

Ces enceintes érigées à grands frais n'ont qu'un but : assurer la protection des citadins et contrôler les allées et venues des Amérindiens et des soldats dans la ville. Chaque soir, les portes de la ville sont fermées à des heures précises. Les habitants des villes peuvent dormir en paix. En cas de menace, ou de danger d'un raid des Anglais ou des autochtones, l'enclos urbain sert de refuge aux ruraux également.

L'eau

L'approvisionnement en eau de la ville est aussi vital que les fortifications pour les citadins : leur protection contre les incendies et leur santé en dépendent.

En principe, l'eau est prélevée sur place directement des sources, des puits, ou du Saint-Laurent. Pour en constituer des réserves, on l'accumule dans des citernes placées à des endroits stratégiques dans la ville.

Au début, les Canadiens boivent l'eau du Saint-Laurent. Mais la composition de l'eau se gâte au fur et à mesure que l'on utilise le fleuve comme dépotoir municipal. Les ordures

Pont-levis et porte, tels que gardés par des soldats des troupes de la marine dans quelques villes, notamment à Montréal, et reconstitués à Louisbourg. (Parcs Canada, Louisbourg)

et les déchets, les restes et les carcasses d'animaux tués par les bouchers y sont jetés à marée basse[14]. Polluée par toutes ces ordures, l'eau du fleuve peut provoquer des diarrhées, toutes sortes de maladies gastriques et des fièvres intestinales.

Autre source d'eau potable : les puits. Pour s'épargner d'aller quérir leur eau au fleuve, plusieurs citadins, à Québec, à Trois-Rivières et à Montréal, s'en font creuser. Ainsi l'attestent un certain nombre de contrats conclus devant notaire entre des citoyens et des puisatiers[15]. Ceux qui n'en possèdent pas peuvent toujours se rendre aux fontaines et aux puits publics. L'avantage des fontaines est de fournir une eau courante de meilleure qualité que celle des puits, laquelle risque toujours d'être infectée par les infiltrations des eaux sales de surface. Par exemple, en 1731, à Québec, les usagers d'un puits situé rue Saint-Jean se plaignent à l'intendant Gilles Hocquart de ce qu'une femme, demeurant près du puits, lave son linge dans le sous-sol de sa maison et contamine l'eau en jetant « les eaux de sa lessive dans sa cave » où le puits prend sa source[16].

Québec, Montréal et Trois-Rivières ont leurs fontaines et puits publics, auxquels s'ajoutent quelques citernes[17]. Ces dernières, creusées dans le sol et pavées de pierres pour qu'elles soient le plus étanches possible, ont été construites principalement en vue de combattre les incendies. C'est ainsi qu'on en trouve une à la Haute-Ville de Québec. On raconte qu'en période de sécheresse, des charrettes et de petits chariots tirés par de gros chiens venaient déverser dans la citerne l'eau puisée dans le fleuve à la Basse-Ville[18]. À Montréal, en 1734, les dames de la Congrégation en possèdent une dans leur jardin et Paul Jourdain, dit la Brosse, projette d'en construire une de quatre pieds carrés, rue Saint-Denis[19].

Les citernes jouent un rôle important dans la lutte contre les incendies. Avoir l'eau à portée de la main dans la ville pour combattre efficacement le feu reste une préoccupation majeure. Paul Jourdain écrit, en 1734, qu'il est indispensable de construire une citerne «pour l'utilité du bien public en cas de feu[20]». Les puits et fontaines publics remplissent aussi ce rôle. Par exemple à Québec, en 1731, le grand voyer, Jean-Eustache Lanouiller de Boiscler, déclare à l'intendant Hocquart que le puits situé rue Saint-Jean est «nécessaire et utile pour le public, n'y ayant d'autre eau en ce quartier [...] pour prévenir les accidents du feu[21]».

La prévention des incendies dans les villes préoccupe beaucoup les autorités car lorsqu'un feu éclate en milieu urbain, on peut difficilement l'empêcher de se propager. L'environnement contribue à sa diffusion. «La ville, écrit le gouverneur Denonville en 1685 à propos de Québec, est encore bien effrayante pour le feu, les maisons sont serrées au-delà de raison et si entourées de bois de corde que c'est pitié[22].» Il n'est pas surprenant que, dans ces conditions, l'incendie d'une maison dégénère fréquemment en conflagration. Des quartiers entiers peuvent alors être réduits en cendres. C'est le cas à Québec le 4 août 1682, comme le décrit si bien le juge de la prévôté de Québec, René-Louis Chartier de Lotbinière:

Sur les neuf heures et demie du soir [...] ayant entendu sonner le tocsin, et en même temps entendu des voix qui criaient au feu, nous sommes sortis et avons aperçu une grande lueur du côté de la basse ville. Une maison était en feu. Nous avons alors fait avertir les charpentiers et fait éveiller autant qu'il nous a été possible ceux qui étaient couchés et nous sommes descendus par le grand chemin qui conduit à la basse ville où étant, nous avons aperçu la maison d'Étienne Blanchon toute en feu, celle de Philippe Nepveu qui commençait à s'embraser et un petit magasin des Pères Jésuites qui prenait feu de l'autre côté de la rue. Devant le peu d'habitants qui se trouvaient en cet endroit, il nous fut impossible de les faire assembler pour apporter de l'eau. C'est pourquoi voyant que le feu allait extrêmement vite et craignant un embrasement général, nous ordonnâmes aux charpentiers qui nous avaient rejoints de découvrir et abattre une petite maison appartenant à de Zaintes qui joignait son logis à celui de feu sieur de Lépinay, au premier étage, traversant la rue, pour tâcher de couper le chemin au feu lequel brûlait avec une telle impétuosité qu'à peine eûmes-nous le temps d'aller à la grande place, où nous trouvâmes Monseigneur l'Intendant et M. de Vitray, conseiller au conseil souverain, qui avaient déjà fait découvrir la maison de Pierre Soumandre. Qu'étant revenu nous fûmes obligé de faire retirer les charpentiers, le feu ayant traversé la rue et leur fîmes découvrir et abattre une partie du logis de Maître Gilles Rageot, notre greffier, qui était proche de la grande place, pour éloigner le feu. Ensuite par ordre de Monseigneur l'Intendant, les charpentiers voulurent découvrir le logis de Defoy, marchand, mais le feu était si grand et si impétueux que les deux tiers de la basse ville furent embrasés et consumés sans qu'il eut été possible de sauver une partie de leurs meubles jusqu'à ce que des gens de la campagne fussent arrivés et vinrent à leur secours. Le feu fut éteint au cul-du-sac après l'embrasement de la maison de Jean Soulard, arquebusier, sur les quatre heures et demie du matin du cinquième jour du mois d'août. Par cet incendie, cinquante-six corps de logis ont été brûlés avec une partie des meubles et marchandises qui y étaient, une quantité considérable de bois et de planches qui étaient dans les cours a été consumée et le chemin qui conduit de la haute à la basse ville, et qui, en fait, est la seule communication a presque entièrement péri: les terres dudit chemin n'étant retenues que par des pieux, et des pièces de charpente qui furent aussi brûlées[23].

Le feu est le premier ennemi des citadins à l'époque. Sa propagation peut être très rapide étant donné les matériaux (bois, cèdres) utilisés habituellement pour construire les maisons et la grande quantité de matières inflammables (copeaux de bois, fumier) qui traînent autour des habitations. Par exemple, à Montréal, le 19 juin 1721, lors des célébrations de la Fête-Dieu, un des arquebusiers, au lieu de tirer en l'air, tourne par mégarde son fusil en direction de la toiture en bardeaux de cèdre de la chapelle de l'Hôtel-Dieu :

> L'incendie se communiqua avec tant de vitesse, écrit sœur Morin, que plusieurs hommes zélés et adroits, s'étant mis en devoir de l'éteindre, furent contraints de se retirer. On sonna aussitôt le tocsin. Un grand nombre de particuliers accoururent pour essayer d'éteindre le feu ; tous les moyens furent inutiles. De l'église [de l'Hôtel-Dieu], qui était assez élevée, la flamme gagna bientôt le bâtiment des malades, et enfin le monastère des religieuses. Ces édifices étant couverts de bardeaux de cèdre, d'ailleurs la chaleur excessive et le vent considérable, toute la toiture s'enflamma comme si c'eût été de la paille. Enfin, le feu prit aux maisons voisines et alors un grand nombre de ceux qui étaient accourus pour secourir les religieuses s'empressèrent d'aller sauver leurs propres maisons. Malgré leur diligence à transporter l'eau, et toutes les autres précautions qu'ils purent prendre, l'incendie se communiqua à la ménagerie de l'Hôtel-Dieu, située de l'autre côté de la rue Saint-Paul [...]. Le feu faisait à chaque instant de nouveaux progrès, et bientôt il eut gagné toute la basse-ville, quelque effort qu'on fît pour l'arrêter[24].

Cent soixante et onze maisons sont incendiées.

Devant la rapidité avec laquelle le feu peut « courir » dans la ville, l'État prend des mesures de prévention sévères. Dès 1673, pour les habitants de la ville de Québec, et en 1676 pour les autres citadins, un certain nombre de règlements sont édictés. L'État défend aux habitants des villes de garder du fourrage dans leurs maisons (en raison du danger de combustion spontanée) et de faire du feu dans leurs cours à l'arrière de leurs demeures. Il interdit de jeter sur la voie publique du fumier et toutes choses inflammables. Les citadins ne peuvent plus désormais tirer du fusil, fumer ou « porter du feu » dans les

Maison du vieux Québec, récemment restaurée. Au début du 18ᵉ siècle, une série d'ordonnances obligeaient les propriétaires de maisons construites en rangées à avoir une échelle ainsi qu'un mur mitoyen débordant le toit de un à deux pieds en guise de coupe-feu. (MAC, NC-4072)

rues. On les oblige à reconstruire en pierre plutôt qu'en bois les habitations incendiées, à recouvrir de tuiles plutôt que de bardeaux de cèdre les toits de leurs maisons, et de pierre les planchers des greniers. Puis, pour lutter plus efficacement contre les incendies, les autorités exigent que soient installées des échelles le long des demeures et sur les toits. Enfin, pour éviter que le feu ne se propage d'un toit à l'autre, les citadins doivent élever les murs latéraux de leurs maisons de trois pieds au-dessus de la couverture. À ce propos, l'intendant François Bigot constate, en mai 1754, après l'incendie de plusieurs maisons de la ville de Québec, l'utilité de cette dernière mesure : « Dans l'incendie arrivé ces jours derniers de plusieurs maisons en cette ville [Québec], nous avons remarqué que les pignons des maisons voisines qui se sont trouvées exhaussées au-dessus des couvertures, ont contribué plus que tous les secours à arrêter le progrès du feu qui aurait infailliblement causé, sans cet exhaussement, un incendie plus considérable, ce qui nous a fait connaître de plus en plus la nécessité de ces sortes de séparations[25]... » Néanmoins, et d'une façon générale, les autorités ont beaucoup de difficulté à faire observer cette réglementation qu'elles doivent rappeler et renforcer à intervalles réguliers.

Que se passe-t-il lorsqu'un incendie se déclare dans la ville ? Les autorités sonnent rapidement le tocsin et, dès le premier coup, tous les citadins doivent se dépêcher vers le lieu de l'incendie un seau à la main. Voilà pourquoi, au 18e siècle, l'État distribue, dans les différents quartiers des villes de Québec et Montréal, des seaux en cuir et en bois, des chaudières de métal et divers outils tels que haches, pelles, crochets pour combattre le feu. À Montréal, en mai 1735, par exemple, on répartit également entre les quatre quartiers de la ville 50 seaux de bois, 25 haches, autant de pelles, 6 crochets « propres à faire sauter et arracher les chevrons en feu et autres bois », 3 échelles dont une de 8,5 mètres, une de 6,7 mètres et une de 5 mètres, de même que 12 seaux en cuir[26]. De plus, les autorités obligent les habitants des villes à avoir dans leurs greniers des « béliers à main » : « machines » formées d'une pièce de bois de 4 à 5 mètres de long et de 12,5 cm de diamètre au gros bout. À l'époque, plusieurs villes de France utilisent avec succès ces béliers. On s'en sert pour « couper le feu » en découvrant et en abattant les toits des maisons voisines de celles qui sont en flammes. Les ouvriers les plus compétents pour manœuvrer ces « machines » sont les charpentiers, les maçons et les couvreurs. Ces travailleurs doivent « se trouver les premiers au feu », sous peine de six livres d'amende, et se constituer en escouades de sapeurs sous la direction de maîtres ouvriers[27].

Malheureusement, quelques citadins se font tirer l'oreille et refusent de courir sur les lieux de l'incendie avec les instruments nécessaires pour combattre le feu. Voici ce qu'écrit à ce propos, en juillet 1721, l'intendant Michel Bégon, alors qu'une partie de la ville de Montréal vient d'être détruite par un incendie : « Sur ce qui nous a été représenté par les officiers de police de la juridiction de cette ville qu'une principale cause du grand nombre de maisons qui y ont été incendiées le 19 du mois passé [juin] est la difficulté qu'il y a eu d'avoir le nombre de seaux nécessaires pour éteindre le feu, et de haches pour l'arrêter en abattant les maisons quoique par les règlements de police il soit ordonné aux bourgeois et habitants de courir au feu aussitôt que le tocsin sonne et d'y porter chacun une hache et un seau[28]. » Arrêter la marche du feu est dès lors une entreprise vouée à l'échec. Des quartiers entiers brûlent ainsi, faute de moyens pour combattre le feu. La ville de Montréal a connu en 45 ans pas moins de quatre conflagrations majeures : en 1721, 171 maisons sont incendiées, en 1734, 46, et autant en 1754 et en 1765.

L'hygiène publique

Tout comme dans les villes européennes de l'époque, la malpropreté est générale dans les villes canadiennes. Dans les agglomérations urbaines de la Nouvelle-France, les porcs, les chiens et les poules vivent avec les gens et, dans les rues, les excréments voisinent avec les tas de fumier.

Les voies publiques sont de véritables égouts à ciel ouvert. Malgré les nombreux règlements de police, plusieurs maisons n'ont pas encore de « latrines et privés ». Seuls les plus riches en possèdent, les autres se contentent de pots de chambre ou de seaux qu'ils vident par la fenêtre dans la rue, quelquefois sur la tête d'un passant. Jean Chaussé dit Lemeine, garde de la compagnie des Indes, reçut ainsi sur sa tête les « eaux » du pot de chambre que le navigateur Charles Turgeon était en train de vider du haut de sa galerie dans la rue, près de la place Royale à Québec[29]. Pourtant le gouverneur Frontenac émit dès 1672 l'ordre « à tous ceux qui feront dorénavant bâtir des maisons [dans la ville de Québec] d'y faire des latrines et privés afin d'éviter l'infection et la puanteur que ces sortes d'ordures génèrent lorsqu'on tolère qu'elles se fassent dans la rue[30] ». Il semble bien que, malgré tout, cette coutume se prolonge pendant tout le siècle. Un passant surpris par un

Une maison de la place Royale, à Québec. À l'instar des autres habitations dont la façade donne sur le fleuve, celle-ci est ornée d'une galerie couverte, d'où les ordures ménagères pouvaient être jetées dans la rue. (MAC, MC-4088)

besoin naturel s'installait sans façon n'importe où sur la voie publique pour le satisfaire. Les annales judiciaires racontent que le 5 février 1731, à Montréal, le maçon Charles Pépin fut pris sur le fait en train de soulager sa vessie en face de la maison du cordonnier Michel Barré. Devant ce spectacle, Barré qui se tenait sur le pas de sa porte lui dit sur un ton taquin : « Oh, voilà un joli bougre qui pisse bien ! » Ces paroles ne semblèrent pas plaire à Pépin, qui se jette sur le cordonnier en le traitant de «bougre de cochon[31]».

Aux excréments humains, il faut ajouter le fumier des animaux, porcs, poules, vaches et chevaux. Faire de l'élevage dans les villes est courant à l'époque. Quand les animaux ne circulent pas librement à travers la ville, ils sont gardés dans de petites étables, à l'arrière des habitations. Le gouverneur général, le comte de Frontenac, avait pourtant interdit, dès 1673, aux habitants des villes de nourrir et d'entretenir des bestiaux «tant en hiver qu'en été à cause de l'infection et incommodité qu'ils apportent, soit par les fumiers qui gâtent toutes les rues, soit par les fourrages qu'il convient de loger dans les dites maisons pour leur nourriture et dont il peut arriver de grands inconvénients par le feu qui s'y peut mettre [32]». Mais il semble bien que cette réglementation, pas plus que la suivante, n'eut d'effet puisque, par la suite, de nombreuses ordonnances portent notamment sur l'errance des porcs dans les villes canadiennes, cause de «beaucoup d'immondices et d'infections[33]».

Souvent, ces ordures humaines et animales flottent dans la rigole au milieu de la rue et stagnent, la voie publique n'ayant pas assez de pente pour les faire s'écouler[34]. D'autres fois, l'accumulation puante se produit à cause des digues construites devant les demeures pour arrêter l'eau, y jeter ses déchets avant d'ouvrir les barrières et nettoyer ainsi, sous la pression de l'eau accumulée, le devant de sa propriété de tous ses immondices en les faisant passer chez les voisins. Le juge de police de la prévôté de Québec, France Daine, fait rapport de ces malfaçons en avril 1745:

> Sur ce qui nous a été représenté que plusieurs particuliers de cette ville [Québec], et surtout de la basse, au lieu d'amasser et mettre en tas le long de leur terrain ou contre les murs de leur maison, les fumiers, boues et immondices, les laissent au milieu de la rue et font même des batardeaux [digues] dans lesquels ils jettent les fumiers et immondices avant de les déboucher. Ils font passer par ce moyen les ordures chez leurs voisins ce qui n'est pas sans occasionner des querelles entre eux. Tout ceci est d'ailleurs contraire à la bonne police qui exige de notre atten-

tion que les rues soient nettes et praticables particulièrement pour les gens de pied[35].

À tous ces déchets s'ajoutent les ordures ménagères que
chacun déverse devant sa maison, sur la voie publique, de
même que les restes (sang, carcasse, fumier) des animaux que
les bouchers tuent dans la ville.

Ces immondices ne font rien moins que corrompre l'air.
François-Joseph Cugnet écrit à ce propos, en 1775, que les villes en sont « tellement infectées, que dans les chaleurs de l'été
qui sont excessives en cette province, on ne peut aller et venir
dans les villes, et particulièrement dans la haute ville de Québec, sans avoir le cœur englouti ; ce qui occasionne beaucoup
de maladies[36] ». La corruption de l'air est un problème majeur
au 18e siècle. Les cimetières, les tanneries, les « tueries » et les
latrines constituent les principales sources d'odeurs désagréa-
bles. Pour lutter contre cette viciation de l'air, les autorités en
viennent peu à peu à interdire la coutume des inhumations
dans les églises. On oblige les bouchers à faire enlever et porter à marée basse dans le Saint-Laurent les carcasses et déchets
sanguignolents des animaux tués, à laver et à nettoyer le sang
et les déchets des bestiaux abattus, de façon qu'il n'y ait plus
aucune puanteur à l'endroit où on « avait fait boucherie » et
dans les alentours[37]. On oblige à bâtir hors de la ville les tanneries malodorantes, et les abattoirs. À Montréal, par exemple, à la fin du 17e siècle, la tannerie des sieurs Roy et Baillet
est installée à l'extérieur des murs, près de l'Hôpital Général
des Frères Charon[38]. On impose aux propriétaires et aux loca-
taires le dépôt de leurs ordures et déchets dans le fleuve ou
dans les carrières désaffectées en dehors de la ville[39]. À cette
fin est organisé, du moins pour les habitants de la Basse-Ville
de Québec, un service hebdomadaire d'enlèvement des
immondices. Régulièrement, sauf pendant l'hiver, un tombe-
reau libère les rues[40]. On ne trouve pas trace de service semblable dans les autres villes.

Jusqu'à quel point les réglementations touchant la propreté
des rues sont-elles respectées ? Quand on constate le nombre
des règlements de police et des ordonnances émis à ce sujet,
il est permis de douter de leur observance par les citadins. À
chaque printemps, par exemple, le juge de police réitère aux

habitants des villes l'ordre de ramasser les ordures qu'ils ont laissé s'accumuler devant leur demeure durant tout l'hiver. Malgré toutes ces mesures, les égouts à ciel ouvert au milieu des rues, les fosses d'aisance mal ventilées, les ordures ménagères accumulées le long des maisons et qu'on néglige d'aller porter au fleuve ou hors de la ville continuent de répandre leurs odeurs nauséabondes un peu partout dans l'agglomération.

Dire que la salubrité urbaine laisse beaucoup à désirer est un euphémisme. Les effets sur la santé des populations sont difficiles à mesurer, mais on sait que Québec, Montréal et Trois-Rivières ont connu plusieurs épidémies désastreuses. Selon Marcel Trudel, « en trois quarts de siècle nous pouvons en citer une dizaine, qui ont été d'une intensité particulière : en 1685, le typhus ; en 1687-1688, la variole ou fièvre pourprée [...] en 1700, la grippe ; en 1702-1703, autre épidémie de variole [...] ; les fièvres malignes en 1710 et 1718 ; variole en 1734 ; typhus de 1743 à 1746 ; de nouveau, le typhus en 1750 ; la variole en 1755 [...] ; nouvelles épidémies de typhus en 1756-1757 et en 1759[41] ». Les épidémies auraient pu être jugulées si des précautions avaient été prises pour enrayer la contagion. Or, dans les hôpitaux, on entasse les malades contaminés avec les autres. Dans les maisons familiales, on couche avec les malades. Le lit de celui ou de celle qui vient de décéder est automatiquement attribué à un autre membre de la famille sans que le grabat soit désinfecté. À cette époque, la médecine, avec ses saignées, purges et clystères, est totalement impuissante à combattre ces maladies. Souvent même elle a l'effet contraire : les remèdes utilisés affaiblissent le malade et aggravent d'autant la situation[42]. L'État ne s'attribue aucunement le devoir de prévenir et d'arrêter la croissance de l'épidémie. Une des causes du peu de peuplement du Canada, soutient le procureur du roi Mathieu Ruette d'Auteuil en 1715, « est le peu de précaution que Messieurs les gouverneurs et intendants ont eu à prévenir la communication et l'accroissement des maladies contagieuses[43] ».

Dès lors, en cas d'épidémie, les citadins, se sentent complètement démunis, sans défense, saisis d'une grande peur. Sur ce point, les propos de l'historien français François Lebrun s'appliquent aussi bien aux villes canadiennes qu'aux agglomérations urbaines de la France d'Ancien Régime : « En temps d'épidémie, dit-il, la mort cesse d'être un spectacle ou une éventualité, elle devient une menace personnelle, directe, immédiate. Chez la plupart ne subsistent plus que l'instinct de conservation et la volonté de fuir. Dans la cité atteinte par l'épidémie s'installe un climat de terreur et d'égoïsme viscéral[44]. »

C'est cette peur viscérale qui paralyse Québec pendant l'épidémie de variole de l'hiver 1702-1703. La ville est le foyer d'infection, à partir duquel le mal se répand à travers la colonie. L'épidémie commence en novembre 1702, puis connaît une progression saisissante au cours des mois de décembre 1702 et de janvier 1703. Pendant cette période, le nombre de décès journaliers varie entre un et huit. Quatre jours durant, au mois de décembre, la mort frappe des coups redoublés : les 16 et 18 de ce mois, on enregistre neuf décès par jour et les 24 et 25, onze[45]. Dans une petite ville comme Québec où la population dépasse à peine deux mille habitants, il est certain qu'une moyenne journalière de plus de trois morts, pendant près de deux mois, marque incontestablement les esprits. Lorsque, certains jours, l'on en compte une dizaine, un vent de panique souffle sur la ville : « On portait chaque jour les corps dans l'église [...] et le soir on les inhumait ensemble quelques fois jusqu'au nombre de quinze, seize et dix-huit », relate dans les annales de l'Hôtel-Dieu de Québec Jeanne-Françoise Juchereau de Saint-Ignace[46]. Chaque mortalité atteint la communauté québécoise tout entière car, dans cette petite société, tout le monde ou presque est apparenté à des degrés divers. Pendant cette épidémie de variole qui dure six mois, la ville de Québec perd 286 personnes dans un climat de peur[47].

L'État confie à l'Église le soin des malades en Nouvelle-France. La responsabilité des soins hospitaliers appartient aux communautés religieuses. Le capitaine et aide de camp de Montcalm au Canada, Louis-Antoine de Bougainville, rapporte à ce propos en 1757 :

> Les hôpitaux sont au nombre de cinq au Canada, tous bien administrés par des dames religieuses. Le plus ancien est l'Hôtel-Dieu de Québec [...] le plus considérable est l'Hôpital Général de Québec [...].

L'hôpital des Trois-Rivières est [...] servi par les Ursulines, qui en même temps tiennent les écoles.

L'Hôpital pour les malades à Montréal est servi par des dames qui suivent la règle de Saint-Augustin, mais qui sont du même ordre que les dames qui sont en France.

Il y a aussi un cinquième hôpital gouverné par des séculiers, à qui l'évêque a permis de vivre en communauté sous la direction des MM. de Saint-Sulpice ; c'est dans cette maison que l'on enferme les filles de mauvaise vie, et que l'on a établi l'hôpital des vénériens, et pour les pauvres hors d'état de travailler[48].

Par leurs équipements et leur tenue remarquable, ces maisons hospitalières sont bien à l'avant-garde de plusieurs institutions semblables en Europe. Pehr Kalm nous a laissé une excellente description de l'Hôtel-Dieu de Québec en 1749 :

L'hôpital constitue une partie du couvent ; il se compose de deux grandes salles, ainsi que de quelques chambres attenantes et d'une pharmacie ; les grandes salles comportent, sur chaque côté, deux rangées de lits, l'une devant l'autre ; la rangée intérieure, c'est-à-dire la plus proche du mur, est entourée d'un rideau, mais la rangée extérieure en est dépourvue ; chaque lit est garni d'une belle literie, comportant une paire de draps propres, et dès que le malade n'occupe plus le lit on le refait, si bien que, dans l'hôpital, tout est propre, net et en ordre. Entre chaque lit à rideau et, par conséquent, entre chaque lit dépourvu de rideau (car l'un se trouve toujours devant l'autre et au même alignement) il y a une distance de trois à quatre aunes [de 5,5 à 7,5 mètres] et dans cet intervalle se trouve une petite table. Il y a de bons poêles et de belles fenêtres ; les malades sont veillés par des religieuses, qui leur donnent à manger, leur procurent tout ce dont ils ont besoin, et sont par ailleurs à leur disposition [...]. On reçoit par priorité dans cet hôpital les soldats malades, ce qui se produit surtout lorsque les vaisseaux du roi arrivent ici, c'est-à-dire ordinairement en juillet ou en août, ou encore en temps de guerre ; mais à d'autres époques et lorsqu'ils n'y a pas beaucoup de malades parmi les soldats, on accueille

Des religieuses de l'Hôtel-Dieu de Québec. Celles-ci s'affairent au soin des malades dès cinq heures du matin. Reproduction du 19e siècle. (MAC, NC-3519)

ici des personnes pauvres dans toute la mesure où des chambres et des lits sont disponibles. On a des chambres particulières pour ceux qui sont très malades, afin qu'ils ne soient pas incommodés par le bruit de la grande salle[49].

Mais ces religieuses ne sont pas les seules à soigner les malades. Plusieurs laïcs s'y emploient, médecins et chirurgiens. Jusque vers la fin du Régime français, ces derniers ne sont soumis à aucun contrôle de l'État, si bien que rares sont les hommes qualifiés et compétents. N'importe quel individu aux prétentions médicales peut s'adonner à la médecine. Des charlatans en grand nombre, des guérisseurs, surgissent de partout sans qu'aucune vérification de leur compétence ne soit faite. Finalement, en 1750, devant les abus causés par des personnes inconnues venues d'Europe et qui d'ailleurs exercent la chirurgie sans autorisation, l'intendant François Bigot émet une ordonnance interdisant à tous de pratiquer la chirurgie et la médecine au Canada sans avoir subi au préalable un examen devant le médecin ou le chirurgien du roi à Québec. « Il est temps, semble-t-il, que des mesures soient prises car de plus en plus de personnes sans expérience ni compétence se sont mises à exercer la médecine et à traiter les malades avec si peu de savoir-faire que souvent les remèdes prescrits rendent les gens encore plus souffrants[50]. »

Les ordonnances que les médecins et chirurgiens donnent à leurs patients appartiennent à une pharmacopée qui nous semble aujourd'hui tenir du cauchemar. Dans la liste des médicaments figurent les purges, saignées, lavements, emplâtres et antimoines, mais aussi les yeux d'écrevisses, la poudre de vipère et le sang de dragon[51].

Devant la pauvreté de la médecine, on ne peut manquer de penser que faute de remèdes adéquats, le meilleur traitement est encore la prévention. L'atout majeur des villes canadiennes de l'époque en fait de santé publique, ce sont les espaces de verdure. Le voyageur suédois Pehr Kalm le note en 1749 : « Il y a [à Montréal] de beaux jardins où les membres de la communauté peuvent faire provision de santé[52]. » Cela vaut aussi bien pour Québec et pour Trois-Rivières, qui offrent également de nombreux espaces verts[53].

*

Par leurs murs d'enceinte, les villes de la vallée laurentienne procurent protection et sécurité aux Canadiens. Mais, en même temps que les remparts assurent la défense, ils aggravent les incendies comme les épidémies. L'entassement des maisons et des édifices dans un enclos restreint multiplie les risques d'incendie et concourent à répandre les maladies contagieuses, plus graves et persistantes en milieu urbain fermé qu'en milieu rural ouvert. Si bien que le Canadien, venu à la ville parce qu'il croit y être plus en sécurité, doit, en certaines circonstances, se réfugier à la campagne pour protéger sa vie. Ce fut le cas, par exemple, de certains Québécois lors de l'épidémie de variole à l'hiver 1702-1703[54]. Ainsi, même si d'une façon générale, le Canadien se sent davantage en sécurité à la ville qu'à la campagne, il n'en est pas moins habité par une certaine angoisse devant son impuissance à combattre maladies et incendies.

Chapitre 4

Pouvoirs et contrôles

La ville est le siège d'un gouvernement administratif autour duquel toute la vie politique, économique, sociale et religieuse s'organise. Le gouverneur général et l'intendant résident à Québec, capitale de la Nouvelle-France. Ils ont des représentants à Trois-Rivières et à Montréal, les gouverneurs particuliers et subdélégués de l'intendant (commissaire ordonnateur ou commissaire de la marine). À ces officiers du roi se greffent une foule de fonctionnaires, depuis les lieutenants de roi et les officiers d'état-major, en passant par les lieutenants des troupes de la marine, jusqu'aux garde-magasins, huissiers et archers. Ces détenteurs de pouvoir habitent la ville et y font valoir leur autorité.

L'État

Les pouvoirs judiciaire et civil sont entre les mains de l'intendant et de ses représentants. Par ses règlements de police et ses ordonnances, l'intendant veille au bon ordre dans la ville. Sa surveillance de la conduite des citadins couvre plusieurs champs d'activités: la justice, l'urbanisme, le commerce, le travail et les mœurs.

La justice. Bien que la population urbaine ne représente que un cinquième de la population de la colonie, c'est en ville que, dans la première moitié du 18e siècle, sont perpétrés les trois cinquièmes des délits criminels poursuivis en justice[1]. La dénonciation est évidemment plus facile en ville, et c'est aussi en ville que se trouvent les différentes instances judiciaires.

L'attitude des Canadiens à l'égard des criminels est ambiguë. Si, dans certains cas, on dénonce les meurtriers, les voleurs et les autres malfaiteurs, si on exclut les criminels et qu'on rejette les repris de justice, refusant non seulement de les loger mais aussi de les fréquenter[2], dans d'autres cas, on tente de les soustraire à la justice, en entravant le travail des archers de la maréchaussée[3], en les cachant[4], ou en leur fournissant des outils pour rompre leurs liens[5]. Certains poussent même l'audace, quelquefois, jusqu'à libérer le prisonnier que les autorités confient temporairement à leur garde[6]. La sûreté des villes justifie que l'on n'y tolère pas les auteurs des crimes graves, mais on se contente de surveiller de près, tout en les laissant généralement agir, les prostituées et les mendiants. L'attitude de la société à l'égard de ces derniers passe de la tolérance à la répression d'une façon presque cyclique.

La ville impose naturellement un certain nombre de contraintes pour le bien commun. De nombreuses ordonnances et autres règlements de police rappellent les citoyens à leurs devoirs. Il en est ainsi de l'obligation de nettoyer le devant de sa demeure des ordures et déchets qui s'y trouvent. S'ils songent à se bâtir, les citadins doivent consulter le grand voyer pour l'alignement de leur maison et suivre les directives des autorités concernant les matériaux à utiliser afin que l'habitation n'empiète pas sur la voie publique et soit mieux protégée contre les incendies. Lorsqu'un feu éclate dans la ville, chaque habitant a le devoir de s'y rendre au premier son de cloche, muni d'un seau. Les petits commerçants urbains, tout particulièrement les cabaretiers, les aubergistes, les boulangers et les bouchers, font l'objet d'une réglementation minutieuse et d'un contrôle constant.

Le commerce. Les activités administratives, judiciaires, commerciales et religieuses de la ville font que les ruraux et les étrangers y séjournent pour des périodes plus ou moins longues, pour y vendre leurs produits, s'y faire soigner, y plaider ou encore y travailler. Auberges et cabarets sont donc nécessaires pour accueillir ces visiteurs et leur offrir le gîte et le couvert. Les auberges ne sont cependant pas foison dans les agglomérations urbaines. Selon le recensement de 1744, la capitale de la Nouvelle-France ne fait état que de trois maisons offrant le logement en plus du couvert, alors qu'en 1716 on en comptait six. À Montréal, au 17e siècle, les notables de passage demeurent à l'auberge d'Abraham Bouat située près de l'église Notre-Dame. Et vers la fin du Régime français, entre 1740 et 1760, à l'angle des rues Saint-Paul et Saint-Denis se dresse un hôtel réputé, celui de Nicolas Morand dit la Grandeur. Cette maison accueille une clientèle de haut rang. C'est là en effet qu'ont élu domicile des officiers de justice, des militaires, des marchands, des nobles et leurs épouses[7]. En 1741, y logent trois dames dont les maris sont dans l'Ouest ou en campagnes militaires, les épouses des sieurs Neveu fils (peut-être Madeleine Janvrin-Dufresne, mariée à Pierre Neveu de Lanoraie), Lefebvre (probablement Céleste Petit-Boismorel, mariée à Louis-Joseph Lefebvre Duchouquet) et Louis-Mathieu Damour de Clignancourt (Madeleine Guyon Desprès)[8]. Ces dames semblent préférer rester là plutôt que de tenir maison. L'aristocratie montréalaise s'amuse ferme chez le sieur Morand, si l'on se fie à Élisabeth Bégon : « Il y a eu hier [janvier 1749], cher fils, une partie fine chez M. de Lantagnac que je t'ai dit demeurer chez Morand, le charpentier. Cette partie était composée de M. de Longueuil, Noyan, Céloron et Lantagnac. Ils se mirent à table à midi et y ont resté jusqu'à onze heures du soir ; ils y chantèrent si bien que les passants s'arrêtaient pour écouter[9]. »

Sans doute les villes n'ont-elles pas besoin de plus d'auberges, car lorsque des « visiteurs » ont à séjourner durant des jours ou des semaines dans une ville, ils trouvent assez facilement à se loger dans des familles. Les citadins accueillent volontiers des pensionnaires d'occasion contre une rémunération appropriée. Ils s'agit là d'une aubaine qui ne se refuse pas[10].

S'il y a peu d'auberges, en revanche on compte un grand nombre de cabarets. Pour une population de 5600 habitants, Québec en a 40 en 1744. À Montréal, au début du 18e siècle, une vingtaine sont autorisés, mais « il y a dix contrevenants année moyenne, sans compter les débits clandestins qui échappent à la police[11] ». La veuve de Jean Barbeau dit Boisdoré, Marie de Noyan, cabaretière dans le quartier Bonsecours, avoue à son interrogatoire faire ce métier depuis quatre ans sans aucun permis de l'intendant[12].

Le manque de distractions dans la ville, la présence dans les agglomérations urbaines de quelques centaines de soldats en garnison, principaux clients de ces commerces, et la possibilité de profits rapides expliquent jusqu'à un certain point la prolifération des débits de boisson. Il faut dire que l'occupation de cabaretier peut facilement être cumulée avec une autre comme celle de charpentier, de barbier, de marchand, de perruquier, de tonnelier ou de sergent de troupes. Il arrive fréquemment d'ailleurs que ces gens de métier fassent tenir leur établissement par leur femme.

Pourtant, en principe, n'est pas aubergiste ou cabaretier qui veut, car l'intendant contrôle strictement ces commerces. Il n'accorde l'autorisation écrite d'ouvrir un cabaret ou une auberge qu'à ceux et à celles qui lui présentent « un certificat de bonne vie et mœurs » et dont l'honnêteté est connue. En plus, dans l'auberge et le cabaret, il doit y avoir « une salle basse, une cour ou un jardin » suffisamment vaste pour y installer bancs et tables, recevoir les clients et leur donner à manger et à boire. Aucune boisson alcoolique ne peut être servie dans les chambres à coucher. L'établissement est tenu de fermer ses portes et d'arrêter la vente des eaux-de-vie, bières et vins à 22 heures[13]. Certains clients font l'objet d'une surveillance particulière de la part des autorités. C'est le cas, par exemple, des ouvriers à qui on ne peut offrir à boire qu'en dehors des heures de travail, des soldats à qui on n'a le droit de servir un peu d'eau-de-vie et de vin qu'aux heures des repas, et des domestiques à qui aucune boisson alcoolique ne peut être vendue sans la permission de leur maître[14]. Quant aux Amérindiens, certains cabarets leur sont réservés dans la ville. À Montréal, par exemple, au début du 18e siècle, neuf cabarets sur dix-neuf sont ouverts aux Amérindiens. Dans ces endroits, les cabaretiers n'ont pas le droit de leur donner à boire autre chose que de la bière. Il est défendu en tous temps et en tous autres lieux de leur servir à boire et de les enivrer[15].

Les dimanches et jours de fête, les cabarets et auberges sont tenus de demeurer fermés pendant le service divin, à

savoir « le matin depuis neuf heures sonnées jusqu'à onze heures sonnantes, et l'après-midi, depuis deux heures sonnées
jusqu'à quatre heures sonnantes[16] ». Enfin, aucun jeu de
hasard et d'argent n'est permis dans les cabarets et les auberges.

Voilà pour la théorie. En pratique, les autorités ont énor-
mément de difficulté à faire observer la réglementation. Certes, elles ont sévi à l'occasion en révoquant, par exemple, les
permis de certains cabaretiers qui ont vendu des boissons alcoo-
lisées pendant le service divin ou dont les établissements sont
devenus des « maisons de désordre[17] », mais, en général, le
commerce de l'alcool s'effectue en toute liberté ou presque.
Nous en tenons pour preuve l'édition répétée de nombreuses
ordonnances à cette fin. À la suite de plaintes fréquentes des
curés à propos des hommes qui, au lieu de venir entendre la
messe, restent au cabaret ou encore arrivent ivres à l'église,
les autorités ont réitéré plusieurs fois l'ordonnance concernant
la fermeture des cabarets pendant les offices religieux les dimanches et jours de fête[18], mais sans trop de succès. Car, selon
une coutume longtemps en vigueur, l'auberge ou le cabaret
le plus proche de l'église paroissiale est là pour recevoir les
ruraux qui veulent y attendre l'heure de la messe ou des vêpres
à l'abri des intempéries. Lorsque les cloches annoncent l'heure
de l'office, les cabaretiers ont toutes les peines du monde à
mettre à la porte des clients qui insistent pour continuer à boire
et à dépenser leur argent dans leur établissement plutôt que
d'assister à l'office divin. C'est également pour les mêmes rai-
sons que certains cabaretiers, malgré les ordonnances, donnent à boire dans leur maison pendant toute la nuit[19]. Et que
dire de ces ordonnances qui défendent de servir à boire aux
soldats, sauf à certains moments de la journée, lorsqu'on sait
que les militaires constituent la principale clientèle des cabarets et qu'ils s'y retrouvent à toute heure du jour et de la nuit !

Même situation, ou peu s'en faut, pour les Amérindiens.
En effet, malgré les nombreuses ordonnances, les cabaretiers
ne se font aucun scrupule de les enivrer à l'eau-de-vie, souvent réduite, d'ailleurs, avec de l'eau salée. Ils réussissent ainsi
à faire d'une demi-barrique une barrique. On raconte que certains vont jusqu'à couper l'eau-de-vie avec de l'urine[20].

Tous ces clients se rendent au cabaret pour y rencontrer
des amis, boire, chanter, musarder, faire la cour aux « belles

Le jeu de jaquet est populaire chez les membres de l'élite particulièrement. Reconstitution d'époque. (Parcs Canada, Louisbourg. Photo : D. Crawford)

de céans », mais aussi, malgré les interdictions des autorités, pour jouer aux cartes et aux dés. Le jeu de cartes, selon l'ethnologue Robert-Lionel Séguin, est le plus répandu dans la colonie. Tout le monde s'y adonne, le peuple au « picquet » et les personnes de qualité au « quadrille » et au « pharaon ». Les échecs, les dames et le billard ont aussi leurs adeptes et ils se pratiquent principalement dans les auberges[21]. Il est possible à certains citadins, avec la permission de l'intendant, de tenir une maison de billard, à la condition expresse cependant qu'aucune boisson alcoolique n'y soit vendue ou offerte. C'est à ces conditions que le 29 mai 1727, le Québécois Caen dit Lataille obtient un permis de maison de billard à Québec, rue Montcarmel[22]. Plusieurs officiers, habitants, négociants se ruinent si bien à ces jeux de hasard, à l'époque de la guerre de la Conquête que, en 1757, le roi interdit la pratique de tous ces jeux dans la colonie[23].

Le cabaret est donc le lieu où les travailleurs des villes se réunissent. Le petit peuple y trouve son loisir quotidien. À l'occasion, le vin qu'on y boit et le jeu qu'on y pratique mettent les sensibilités à fleur de peau. Un rien peut alors donner prétexte à une bagarre ou à un duel : on chante, on joue aux cartes, puis un geste, une injure, et les choses se gâtent. C'est ce qui se produit, par exemple, à Montréal, en décembre 1721, chez le cabaretier Jean Fourneau dit Brindamour. Ce dernier joue aux cartes en compagnie du ramoneur François Héritier dit la Malice. Tout va bien jusqu'au moment où la Malice refuse de payer le vin que le cabaretier lui a fourni. Furieux, Brindamour sort son épée et blesse légèrement son compagnon[24].

Le cabaret est également l'endroit où se fomentent quelques délits. Par exemple, ce n'est qu'après avoir passé la journée à boire chez le cabaretier Jean Cretot dit l'Espérance, rue Saint-Louis à Québec, que le sergent des troupes Jacques Bonin dit Laforest se rend rue Sainte-Anne chez le commis du trésorier de la marine, Jean Petit, voler 18 404 livres en monnaie de cartes[25] ! On s'en doute, c'est au cabaret que les membres de la plus vieille profession du monde exercent habituellement leur métier. Au 17e siècle à Montréal, par exemple, les cabarets d'Anne Lamarque dit la Folleville et de Marie-Anne Vendezzegue ont la réputation d'être des lieux de prostitution. Et à Québec, Marguerite Rattier déclare à son interrogatoire que c'est au cabaret *La Rochelle* qu'elle a « recruté » les garçons et les soldats avec lesquels elle a passé « une partie de la nuit sur les remparts ». Au 18e siècle, les cabarets sont les lieux par excellence de la prostitution[26].

Tout comme la vente de l'alcool, du vin et de la bière, celle du pain et de la viande fait l'objet d'un contrôle serré. La boulangerie et la boucherie sont des métiers réglés et, à ce titre, assujettis au juge de police et aux décisions des prud'hommes en ce qui a trait à la qualité des produits, à leur prix et au nombre de ceux qui sont en droit d'exercer ces métiers[27].

Seuls les boulangers accrédités peuvent cuire et vendre le pain. À Montréal, en 1711, dix boulangers détiennent un permis du juge de police, onze en 1743 et dix en 1746[28]. Sur

La fabrication du pain telle que représentée dans l'*Encyclopédie* de Diderot. Au Québec, le pain faisait l'objet d'une surveillance minutieuse de l'État.

chaque pain doivent être indiqués le poids et la marque du boulanger.

À l'époque, l'État est beaucoup plus préoccupé par les intérêts des consommateurs que par ceux de quelques marchands. Ainsi, lorsqu'en 1737, des Montréalais se plaignent de la mauvaise qualité du pain vendu par les boulangers et de son poids trop inférieur à celui mentionné par les règlements de police, le juge Pierre Raimbault, en compagnie du procureur du roi, du greffier, de l'huissier audiencier et d'un quatrième homme « pour porter les poids et balance », entreprend la visite des boulangeries de la ville pour vérifier le bien-fondé de ces plaintes. Chez chaque commerçant, il pèse les pains, vérifie leur qualité et examine si leur poids est bien marqué. Chez le plus ancien boulanger de la ville, Jacques Trottier dit Lacombe, il constate qu'il n'y a aucune marque sur les pains. Chez le boulanger Poupart Lafleur, les tablettes sont vides; Lafleur est absent, sa femme malade et alitée, et le soldat, qui doit remplacer le boulanger, parti remplir ses fonctions militaires. Le juge n'y trouve finalement que des biscuits, gâtés et impropres à la consommation humaine. Il les confisque et les fait parvenir à l'Hôtel-Dieu pour qu'ils soient distribués aux animaux[29]. De même, lorsque à l'été 1743, un bon nombre de mères de famille de Montréal portent plainte parce qu'elles ne peuvent se procurer du pain chez les boulangers quelle que soit l'heure où leurs enfants vont en chercher, le magistrat de police, Guiton de Monrepos, ordonne aux boulangers d'avoir du pain blanc et bis dans leur magasin à la disposition de leurs clients à huit heures le matin et à quatre heures l'après-midi[30]. En plus du pain, les boulangers font des biscuits ou galettes. Ces produits sont bien différents de ce que l'on connaît sous ces noms aujourd'hui. Il s'agit d'une sorte de pain cuit deux fois pour qu'il soit durci et qui sert de nourriture pendant les traversées de l'Atlantique et les voyages de traite dans l'Ouest, en raison de sa propriété de se conserver longtemps. Une galette pèse 180 grammes environ et c'est la ration d'un matelot à chaque repas[31].

L'intervention de l'État dans ce secteur de l'alimentation se justifie, car le pain constitue à cette époque près de 80% du régime alimentaire des gens. C'est pourquoi le peuple a constamment peur de manquer de pain : une sécheresse, une invasion de chenilles, bref une mauvaise récolte de blé et voilà que les prix se mettent à monter. Aussi revient-il aux représentants du roi de veiller à ce que les Canadiens obtiennent un pain de qualité à un prix raisonnable.

L'État exerce une surveillance semblable sur le commerce de boucherie. La vente du bœuf relève alors d'un monopole. L'autorisation de pratiquer le métier se négocie par un versement de cinquante livres à la ville. En mars 1706, à Québec, trois personnes détiennent un tel permis, mais un étal reste vacant. C'est qu'en effet le métier n'enrichit pas son homme. Le plus souvent, le boucher tient boutique chez lui dans une chambre ouverte, avec l'obligation de suspendre à des crochets les quartiers de bœuf et de veau mis en vente. La qualité et la salubrité du produit offert aux consommateurs préoccupent les autorités qui limitent les périodes d'exposition de la viande selon les saisons pour que « l'air ne la gâte pas ». En été, il est permis de la suspendre dans la boutique « de la pointe du jour à dix heures du matin » ; en hiver, le temps froid permet de la laisser exposée « jusqu'à midi[32] ». Le juge de police est tenu en outre de vérifier la bonne santé de tous les animaux que les bouchers doivent abattre et offrir en vente au public. L'habitant qui vend de la viande aux bouchers est obligé de leur présenter un certificat signé par les voisins attestant le bon état de l'animal juste avant l'abattage[33]. La boucherie

Bouchers en train d'abattre un bœuf, tandis qu'un apprenti enlève la peau d'un mouton. (D. Diderot, *Encyclopédie. Recueil de planches*, Paris, 1763)

se limite exclusivement à la vente du bœuf et du veau ; ni volaille, ni beurre, ni œuf, ni aucune autre denrée alimentaire n'entrent dans ce commerce. Les bouchers font l'objet d'une étroite surveillance de la part du juge de police et sont tenus d'avoir toujours en magasin une quantité suffisante de viande pour répondre aux demandes hebdomadaires du public.

Comme pour les cabaretiers, l'observation de ces règlements de police est loin d'être suivie à la lettre par les bouchers et les boulangers. Pour vivre, il leur faut contourner la loi, car les habitants, qui viennent vendre au détail leur viande au marché de la ville, leur font une rude concurrence et les amènent à s'insurger contre eux et contre les juges de police. Les boulangers, quant à eux, s'élèvent contre les cabaretiers, les aubergistes et les marchands qui enfreignent leur monopole en cuisant le pain et en le vendant à leurs clients[34].

Le temps. Non seulement les autorités urbaines surveillent-elles les comportements et usages individuels et commerciaux en vue du bien commun, mais aussi contrôlent-elles l'emploi du temps, c'est-à-dire les moments de travail et de repos[35]. Cloche, horloge et pendule sont utilisés pour mesurer et cadencer le temps urbain, et détenus par les pouvoirs politique, économique et religieux, qui ont seuls les moyens financiers de se les procurer. Le prix d'une pendule au 18e siècle varie entre

Le palais de l'intendant à Québec. Sur la tourelle, au-dessus de la porte centrale, une horloge marque les heures, et sur l'avant-corps, à droite du portail, niche un cadran solaire. Gravure de Richard Short, 1761. (APC, C-360)

100 et 450 livres, somme importante à l'époque : un journalier ne gagne en effet qu'environ 100 ou 120 livres par année[36]. La propriété d'une pendule ou d'une horloge constitue donc un symbole de réussite économique et sociale.

Ce sont des communautés religieuses, des prêtres et des laïcs (nobles, marchands et bourgeois) qui possèdent ces instruments, par exemple, les Hospitalières de l'Hôtel-Dieu de Québec[37], les marchands et officiers de justice Jean-François Malhiot et Jean-Baptiste-Ignace Perthuis, les gouverneurs Philippe de Rigault, marquis de Vaudreuil, et Charles Lemoyne, baron de Longueuil[38]. L'évêque de Québec, Mgr Henri-Marie Dubreuil de Pontbriand, détient une montre dans un boîtier d'or « guilloché » estimée à 300 livres par le notaire lors de l'inventaire de biens[39], en plus d'une «pendule à ressort» valant 400 livres. Les cloches des églises et des édifices couplées aux horloges et pendules des élites rythment la vie quotidienne des citadins. À Montréal, à compter de la fin du 17e siècle, une horloge publique orne la façade du Séminaire de Saint-Sulpice et scande, avec la cloche de l'édifice, le quotidien des Montréalais[40]. À Québec, le palais de l'intendant est également doté d'une horloge et d'un cadran solaire.

Partout, «la cloche de police» détermine le temps du travail et du repos et appelle les gens à l'aide. L'intendant Gilles Hocquart écrit en 1739 qu'aux chantiers maritimes de Québec «les heures de travail et de repos sont marquées au son de la cloche[41]». C'est également au son de la cloche qu'est donné l'ordre aux citadins de se rendre sur les lieux d'un incendie : «au premier coup de cloche chaque habitant sortira de sa maison pour se rendre au lieu où le feu sera indiqué[42]». Dans toutes les ordonnances, lorsqu'il est question d'heure, les autorités utilisent les expressions «heure sonnée, heure sonnante». Il en est ainsi pour les cabaretiers et les aubergistes à qui on défend de se rendre au marché acheter ce dont ils ont besoin avant que «huit heures [du matin] en été et neuf en hiver ne soient *sonnées*».

Le «temps s'entend» dans la ville plus qu'il ne se voit. Pour justifier de n'avoir pas fermé son établissement à l'heure fixée par les règlements de police, on peut affirmer qu'on «n'avait pas entendu la cloche». C'est ce que répondit la femme du cabaretier Charles Testard dit Folleville à l'officier de justice qui lui fait remarquer qu'elle n'a pas le droit de tolérer des clients chez elle après «9 heures sonnées[43]». La sonnerie de la cloche matérialise pour les gens la contrainte du temps et l'emprise du pouvoir.

La cloche, en milieu urbain, est une des formes principales de transmission des ordres de l'autorité. Toutefois, même s'il y a des cloches, des horloges et des pendules pour indiquer les heures, on utilise encore au 18e siècle, pour fixer la durée de la journée de travail, des repères naturels et visibles. L'intendant Gilles Hocquart mentionne au ministre Maurepas en 1739 que, habituellement, les ouvriers se rendent au travail «avant le soleil levé» et qu'ils ne s'en retirent «que longtemps après qu'il fut couché[44]». Le peuple, qui ne possède pas

La vieille horloge de bois du Séminaire de Saint-Sulpice, à Montréal, au 18ᵉ siècle. (ANQM, Fonds Armour Landry)

d'horloge ni de pendule, recourt spontanément à ces repères visibles couplés à la cloche pour marquer et mesurer le temps quotidien. Marcel Trudel relate que pour établir la durée, on se sert à l'occasion de chandelles. Par exemple, lors des enchères, les gens peuvent peser leurs mises le temps que brûle une chandelle, et cela avant chacune des trois enchères[45].

Les autorités urbaines ne gèrent pas seulement la durée quotidienne du travail, mais aussi le temps de toute l'année. Des jours spécifiques de repos sont prévus. Dans la colonie, tous les jours chômés correspondent à des fêtes religieuses qu'il revient à l'Église de déterminer. En 1744, devant le nombre de fêtes d'obligation, l'évêque de la Nouvelle-France, Mgr de Pontbriand, décide d'en renvoyer 17 au dimanche, ce qui réduit de 37 à 20 le nombre de jours chômés[46]. En ajoutant à ces chiffres les 52 dimanches de l'année, on constate qu'il est interdit aux citadins de travailler, sous peine d'amendes, pendant le quart de l'année (89 jours) avant 1744, et le cinquième (72 jours) après cette date[47]. Il faut ajouter, à ces jours fériés, pour les gens de métier regroupés en corporation, les jours de congé pour honorer le saint patron. Ces jours-là, les membres de la corporation assistent à une messe chantée et sont conviés à un festin. À Montréal, selon Louise Dechêne, seuls les chirurgiens, les armuriers, les cordonniers et les marchands étaient regroupés en confrérie professionnelle. Les armuriers, les arquebusiers et les serruriers chôment le premier décembre, jour de la fête de saint Éloi; les cordonniers, le 25 octobre, en l'honneur de saint Crépin; les chirurgiens, le 27 septembre, fête des saints martyrs Côme et Damien. Les marchands avaient choisi « comme protectrices auprès de Dieu » les « saintes âmes du purgatoire[48] ».

Comme en France, on utilise le calendrier de Grégoire XIII pour marquer les jours et les années, mais on continue de désigner les jours importants par le nom du saint plutôt que par la date. Par exemple, selon la seigneurie dans laquelle il se trouve, le censitaire doit payer ses droits soit à la Saint-Martin (11 novembre), à la Saint-Rémi (1er octobre), à la Saint-Étienne (26 décembre), à la Toussaint (1er novembre) ou à la Saint-Michel (29 septembre)[49]. Par le contrôle qu'elle exerce sur les fêtes chômées et l'influence de son calendrier sur la vie urbaine, l'Église, aidée par l'État, règle la période annuelle de travail, et par conséquent le revenu des salariés aussi bien que le rythme économique et social de la vie urbaine.

L'Église

Avec l'aide du pouvoir laïc, l'Église exerce une emprise certaine sur la population dont la majorité est catholique. De la naissance à la mort, les principaux actes de la vie se trouvent soumis à la tutelle ecclésiale qui s'exerce au moyen des sacrements et de l'enseignement[50]. La pratique sacramentelle est rigoureusement contrôlée. Chaque paroisse tient un registre des confessions et des communions annuelles que tous les fidèles se doivent de recevoir dans leur paroisse au moins une fois par année pendant le temps pascal au plus tard. Ceux et celles qui satisfont à cette obligation dans une autre paroisse sont tenus d'obtenir du prêtre de qui ils ont reçu le sacrement de pénitence un « billet de confession » à remettre à leur curé[51]. La fréquentation de la messe, les dimanches et jours de fête, est obligatoire. En ce jour du Seigneur, les fidèles doivent assister à la grand-messe, au prône et aux vêpres et observer le repos dominical.

Une législation précise, que le curé veille à appliquer strictement, entoure le sacrement de mariage. L'âge légal pour contracter mariage est 14 ans pour les garçons et 12 ans pour les filles. Les futurs époux doivent se soumettre à l'examen prénuptial au cours duquel le curé les interroge sur le mariage. À ce propos, Madame Bégon rapporte l'anecdote suivante à son « cher fils » :

> Tu sais, ou ne sais point, que le curé doit avant d'administrer le sacrement de mariage savoir si les futurs époux sont instruits. Le curé de Québec qui est un jeune homme venu cette année de France, homme très scrupuleux, questionna M. De Bonaventure qui lui répondit sur tout fort sagement. Après quoi, il le pria de faire entrer, comme il avait fait, dans la sacristie, Mlle La Ronde, à qui il demanda si elle savait ce que c'était que le sacrement de mariage. Elle lui répondit qu'elle n'en savait rien, mais que s'il était curieux, que dans quatre jours, elle lui en dirait des nouvelles. Le

pauvre curé baissa la tête et la laissa là. Cette pointe a fait beaucoup rire[52].

Le droit canon ecclésial prévoit quatorze empêchements propres à rendre nul un mariage. Défense est donc faite aux proches parents de se marier entre eux et ce jusqu'au quatrième degré inclusivement. De même, un veuf ne peut épouser un des parents de sa défunte épouse à cause des affinités qui ont existé entre les prétendants, ni un fiancé contracter mariage avec la mère, la sœur ou la fille de sa défunte promise. Le curé n'a pas la permission de célébrer de mariage pendant l'Avent et le Carême. Toutefois, pour la plupart de ces empê-chements, une dispense peut être obtenue contre versement d'une certaine somme d'argent, plus ou moins importante selon le cas.

Les futurs époux, jusqu'à l'âge de 30 ans pour le garçon et de 25 ans pour la fille (même si elle est veuve), sont tenus d'obtenir le consentement de leurs parents pour se marier[53]. Certains tentent de se passer de l'accord de leurs parents et aussi de celui du curé en recourant au « mariage à la gaumine » (du nom d'un certain Gaumin qui aurait imaginé la méthode en France). Il suffit pour les futurs conjoints de se rendre dans une église ; pendant la célébration de la messe, prenant comme témoins les fidèles présents dans le temple, ils n'ont qu'à décla-rer à haute voix qu'ils se prennent mutuellement pour mari et femme. Un citoyen de Montréal, Raphaël Beauvais, a assisté à un mariage semblable dans l'église paroissiale et il relate au juge royal de la juridiction la scène suivante :

> Hier matin, le 30 octobre 1715, j'entendais la messe de cinq heures célébrée par monsieur de Belmont lorsque, à la pré-face, je vis un homme et une femme se lever et aller se mettre à genoux au balustre. Ensuite je les vis se lever debout et l'homme dire à haute voix : « Messieurs je vous prends à témoins que je prends Catherine » ; sur ce l'homme fut interrompu par le bedeau [Jean-Baptiste Ques-neville] qui servait la messe et qui lui dit par plusieurs fois : « Taisez-vous ! » Il se tut effectivement, ils sortirent du balus-tre et furent se mettre à genoux au milieu de l'église. Mon-sieur de Belmont appela alors le bedeau, il ne sait pas ce

qu'il lui dit, mais le bedeau alla parler à l'homme et la femme, qu'il a appris être le nommé Lafrance et la nommée Catherine dit Lapoitevine qui sortirent aussitôt que le bedeau leur eut parlé[54].

L'Église comme l'État, on s'en doute, conjuguent leurs efforts pour dénoncer vivement cette pratique: l'Église, en menaçant d'excommunication ceux et celles qui y recourent, l'État en les poursuivant en justice. Antoine Boyer dit Lafrance et Catherine Gladu dite La Poitevine sont ainsi accusés en justice de concubinage. Mais le procès tourne court lorsque les autorités décident, après enquête, de les autoriser à s'épouser. Le mariage a lieu le premier décembre 1715 à Montréal[55]. Il faut dire qu'il n'est jamais question d'excommunication ni pour ce cas ni pour les autres dont il est fait mention dans les annales[56].

La vigilance que l'Église se croit obligée d'exercer sur les âmes, la porte à régir également les habitudes du corps. Elle interdit aux catholiques, sous peine de faute grave, de manger de la viande pendant cinq mois de l'année environ, c'est-à-dire pendant les quarante jours du Carême, les vigiles de dix fêtes religieuses, les Quatre-Temps (12 jours), les 3 jours de Rogations, la Saint-Marc et tous les vendredis et samedis de l'année[57].

Et c'est jusque dans la façon de se vêtir qu'elle croit de son devoir d'intervenir. Or, c'est le vêtement qui confère l'identité sociale tout autant qu'il spécifie le sexe. Certains groupes sociaux n'hésitent pas à y consacrer des sommes considérables. Le Canada suit la mode européenne avec un an de retard. À l'époque, les canons de la mode féminine veulent des robes très décolletées, ce qui a pour effet de scandaliser le clergé et certains esprits puritains, qui se mettent en peine d'attirer les foudres de l'Église sur celles qui portent de telles toilettes[58]. L'évêque de Québec, Mgr de Saint-Vallier, demande à ses prêtres de vérifier jusqu'à la façon avec laquelle les Canadiennes sont vêtues à la maison et de refuser l'absolution à celles qui se promènent « la gorge et les épaules découvertes ou simplement couvertes d'une toile transparente[59] ». Il intervient également contre une habitude adoptée tant par les hommes que par les femmes, de ne pas porter de culottes[60]. Ayant eu vent que l'été, pendant les grandes chaleurs, ses paroissiens de Montréal travaillent sans caleçon ni culotte, il leur adresse le *Mandement* suivant :

> Nous voyons violer par là les règles de la modestie. C'est là une occasion si prochaine de péché pour vous et les autres personnes qui peuvent vous voir dans cet état. Nous sommes dans l'obligation de vous représenter le nombre innombrable de péchés dont vous vous trouverez coupable à l'heure de la mort, non seulement des vôtres, mais encore de ceux d'autrui [...] qui sont d'autant plus dangereux qu'on ne les connaît point [...]. Cette situation nous a déterminé à demander à monsieur le marquis de Vaudreuil, gouverneur-général de tout le pays, à s'employer à nous aider à déraciner dans votre paroisse une si détestable coutume qui serait la cause assurée de la damnation d'un grand nombre de pères de famille aussi bien que des enfants si vous n'avez égard à nos remontrances et exhortations paternelles[61]...

Un secteur de la vie urbaine que l'Église cherche aussi à encadrer est celui des loisirs. Elle condamne la comédie en général, mais elle s'insurge plus particulièrement contre la danse, aussi populaire chez les Canadiens que le jeu de cartes. Mgr de Saint-Vallier exhorte les confesseurs à combattre « l'abus de danser ou de faire des assemblées nocturnes entre personnes de sexe différent » en refusant l'absolution à ceux et celles qui se livrent à ces divertissements[62]. Il ne semble pas qu'une telle mesure empêche beaucoup de monde de danser le quadrille et le menuet, les deux danses les plus en vogue à l'époque[63]. « On a dansé tout l'après-dîner, écrit Élisabeth Bégon le 20 janvier 1749, et M. de Longueuil, pour donner plus de liberté aux demoiselles, a fait porter un beau dîner à ce que l'on dit chez M. de Lantagnac où il est avec M. Varin et M. de Noyan, sans oublier Deschambault qui y a de bons vins, si bien que l'on assure qu'il y a de belle besogne faite : on y chante sauvage et on se prépare à aller au bal couler son menuet[64]. » Les « personnes de qualité » consacrent à l'époque beaucoup de temps à ce divertissement entre Noël et le Mardi gras[65], et le peuple s'en donne également à cœur joie. Selon

Claude-Charles Le Roy dit Bacqueville de la Potherie, officier du roi qui a séjourné dans la colonie au début du 18e siècle, «les Canadiens montrent beaucoup de disposition à danser[66]».

Il faut s'y attendre, toutes ces désobéissances suscitent le courroux de certains membres du clergé. Du haut de la chaire, les prêtres dénoncent comme infâmes ces assemblées et ces bals, ne craignant pas d'affirmer «que les mères qui y conduisent leurs filles sont des adultères et qu'elles se servent de ces plaisirs nocturnes pour mettre un voile à leurs impudicités et à la fornication[67].»

Figures de l'autorité

C'est toute la vie quotidienne des citadins que les autorités laïques et religieuses tiennent à prendre en charge. Il ne faudrait pas imaginer toutefois que le peuple se conforme rigoureusement aux multiples règlements, ordonnances, mandements, instructions, etc., qui lui sont assignés. Plus d'un se montre indiscipliné ou du moins peu soumis. Les curés canadiens, comme la plupart des curés de l'Ancien Régime, ont souvent à se plaindre de l'insoumission de leurs paroissiens. À preuve, la régularité avec laquelle les autorités ecclésiastiques ont dû répéter leurs mandements concernant, par exemple, les mœurs, le respect du dimanche et des lieux saints. Il en va de même des autorités laïques, des intendants et des juges de police qui sont contraints de répéter constamment leurs ordonnances et règlements. Entre la réalité et ce que l'État et l'Église demandent et proposent comme idéal de vie sociale se creuse donc un large fossé.

La surveillance de la conduite et des comportements a des limites d'autant plus grandes que les autorités ne disposent pas de moyens de coercition suffisants pour forcer les citadins à suivre leurs ordres. Le pouvoir de répression est restreint par le nombre réduit d'officiers en mesure de l'exercer. Dans chaque ville canadienne, au 18e siècle, l'État n'est représenté que par un juge de police, un procureur du roi et un greffier. Pour toute force de contrôle et de répression pour l'ensemble de la colonie, villes et campagnes réunies, on ne dispose que d'une seule brigade de la maréchaussée d'une quinzaine de personnes auxquelles quelques soldats viennent prêter main-forte à l'occasion. L'Église canadienne n'est pas mieux partagée puisque, durant tout le Régime français, elle a toujours manqué de prêtres, moins toutefois à la ville qu'à la campagne. En 1754, vers la fin de la colonisation française, elle peut compter sur 155 prêtres pour desservir une population de 55 000 habitants, soit un prêtre pour 355 âmes. Sur ce nombre, 64 (41 %) se retrouvent dans les villes. Ainsi, les agglomérations urbaines ont environ un prêtre pour 200 citadins[68]. Dès lors, la principale garantie de l'observance des édits, ordonnances, mandements et directives des autorités réside bien plus dans le conformisme social inévitable, que dans la force du contrôle et de la répression.

Ce sont les élites laïques qui ont le mieux contribué à définir l'accord entre l'Église et l'État sur les bonnes normes de conduite. Les membres de ce petit groupe social, non seulement se marient entre eux et entretiennent des relations sociales et économiques les uns avec les autres, mais participent activement à l'administration de l'État et de l'Église. Certains de leurs représentants, notamment, siègent au Conseil supérieur de la Nouvelle-France alors que d'autres secondent l'Église dans ses différentes tâches sociales et administratives, l'un comme directeur du Bureau des pauvres, l'autre comme marguillier au sein des conseils de fabrique. Mais c'est principalement par le biais de l'image du roi, de la souveraineté de l'Église et de l'autorité du père de famille, véhiculées par leurs soins auprès de la population, que les élites ont le plus contribué à la définition d'un certain conformisme social empreint de respect pour l'Autorité[69].

Dans la colonie, le gouverneur général et l'intendant font figure auprès du peuple de représentants prestigieux du roi tout-puissant et père de ses sujets. L'arrivée du gouverneur à Québec est entourée de beaucoup d'apparat. Dès sa descente de bateau, des coups de canon saluent son arrivée et dans toute la ville les cloches des églises carillonnent. Les plus grands dignitaires laïcs de la colonie, membres du Conseil supérieur et bourgeois, l'accueillent dans leurs plus beaux atours et lui font une haie d'honneur jusqu'à la Haute-Ville. L'évêque l'attend à l'entrée de la cathédrale, revêtu de ses « habits pontificaux[70] ». Tout ce faste ostentatoire n'a d'autre objectif que d'éblouir le peuple et de manifester la grandeur et la puissance de l'autorité royale.

Sur un autre plan, l'exécution des criminels en public poursuit le même but, à savoir subjuguer le peuple en faisant la démonstration de la puissance royale sur les corps des condamnés. Outre leur objectif de dissuasion, ces punitions corporelles sont appliquées pour l'exemple. Obéissance absolue est en effet due au roi et à ses représentants : toute rébellion, opposition ou déviation aux lois du souverain est considérée comme un crime de lèse-majesté.

Les Canadiens se voient inculquer l'image d'une Église triomphante et toute-puissante à travers le faste des cérémonies religieuses où musique, chants, encens, magnificence des lieux et des habits sacerdotaux contribuent à évoquer la grandeur de Dieu. Le cérémonial religieux qui métamorphose la voie publique lors des processions autour de l'église y contribue également. À la Fête-Dieu, les citadins nettoient les rues et décorent les façades de leurs maisons. Les soldats démontrent leur ferveur lors du passage du Saint-Sacrement en tirant du fusil[71].

Le pouvoir de l'Église se manifeste également en des circonstances moins fastueuses. Tout condamné est tenu de faire amende honorable devant la porte de l'église paroissiale. Là, le criminel, en chemise, la corde au cou, tenant dans ses mains « une torche de cire ardente de deux livres », à genoux devant la demeure du « Dieu tout-puissant », doit demander pardon à haute et intelligible voix d'abord à Dieu, puis au roi et à la justice et enfin à ceux et à celles qu'il a offensés[72].

Mais ces images de l'Église et du roi à qui chacun doit respect et obéissance, c'est au sein de la famille qu'elles sont inculquées en premier lieu. C'est dans et par la famille, institution fondamentale dans la société canadienne du 18e siècle, que se fonde l'ordre hiérarchique, que se consolident le pouvoir politique et l'État monarchique. Le rapport hiérarchique entre l'enfant et son père, entre la femme et son mari sert de modèle à l'obéissance des sujets envers le souverain et ses représentants. Selon les principes de l'époque, le père possède une autorité dite « naturelle » et un pouvoir réel sur sa femme et ses enfants[73]. C'est lui qui enseigne à ses enfants le respect de l'autorité et de la hiérarchie. L'enfant voit ainsi illustrés dans la famille les principes d'autorité, d'obéissance et de respect, ferments des normes sociales définies par les élites, auxquelles il aura à se conformer toute sa vie. S'il oublie de s'y soumettre, le père peut lui appliquer une correction corporelle modérée. Le mari jouit d'ailleurs du même privilège à l'égard de sa femme, puisque cette dernière est traitée sur le plan juridique comme un enfant mineur. Entérinant l'usage, la société concède de bon gré que le mari corrige sévèrement sa femme. Elle reconnaît au maître de la maison un certain rôle de « dressage ». C'est pourquoi, par exemple, le tambour-major en garnison à Montréal, Antoine Laurent, pourra en toute impunité battre sa femme pour la corriger d'avoir volé le porte-feuille de la demoiselle Godefroy de Linctot sur la place du marché à Montréal en 1734[74].

Toutefois, la mentalité collective impose des limites au droit de correction du mari. Le châtiment doit être justifié par le comportement de la femme et il ne peut dépasser certaines bornes. Ces limites sont franchies lorsque, par exemple, le mari frappe sa compagne avec un instrument tranchant (couteau, hache…) ou contondant (bâton, perche…), ou encore lorsque les coups sont assenés sur un organe sensible et considéré comme vital, soit la tête, les seins ou le ventre. Mais d'une façon générale, comme aujourd'hui, la femme battue est entourée d'un mur de silence. Les femmes ne se plaignent d'ailleurs que très rarement des sévices que leurs maris leur font subir. Ce n'est que dans les procès civils de demande de séparation que les femmes ont pu invoquer, pour obtenir gain de cause, les mauvais traitements subis, en plus de l'alcoolisme et de l'irresponsabilité familiale de leur époux. Des témoins déposant à l'enquête en séparation déclarent au juge que le mari a « la réputation de battre sa femme et de laisser ses enfants tout nus[75] »; ou encore, ils affirment l'avoir vu plusieurs fois s'emporter et maltraiter sa femme de coups de bâton, de pieds et de poings[76]… Citons le cas de Jeanne Duplessis Faber, épouse de sieur Bailly de Bayouville, officier des troupes de la marine. Le menuisier montréalais Jean-Baptiste Petit et sa femme, établis dans l'appartement voisin de celui des Bayouville, déclarent avoir été éveillés en plein nuit par le bruit fait par Bayouville battant sa femme. Ayant aussitôt collé l'oreille à la cloison, ils entendent madame de Bayouville « pleurer comme une Madeleine » et dire à son mari : « Laisse-moi, je t'en prie, tu me tues, je m'en vais crier. » Mais l'officier des troupes, jaloux de l'attention que Jeanne Duplessis Faber a portée à un perruquier venu leur rendre visite, continue à frapper sa femme malgré ses lamentations : « Laisse-moi donc, je ne recommencerai plus. Je te demande pardon », à quoi le sieur de Bayouville répond en frappant sa femme derechef. Les Petit ajoutent que la femme Bayouville a enduré ce soir-là ces mauvais traitements de onze heures du soir jusque vers trois ou quatre heures du matin. Le lendemain, ils ont remarqué qu'elle montrait des « égratignures » au visage[77].

Mais la plupart du temps, le chef de famille n'a pas à utiliser la violence pour faire respecter les normes. Les conditions de vie au Canada et surtout le climat, qui contraint des gens appartenant à trois ou quatre générations différentes à vivre dans la promiscuité pendant les longs mois de l'hiver, poussent bon an, mal an tous les membres de la famille à discipliner leur conduite. La vie communautaire est à la fois source de tensions et de disputes et lieu de solidarité et d'attention réciproque. Elle produit un contrôle social souvent beaucoup plus coercitif que toutes les lois, ordonnances, mandements ou punitions corporelles que les autorités peuvent imposer[78].

La famille joue donc un rôle important dans l'autorégulation des comportements. C'est aussi principalement à elle qu'incombe la tâche de socialisation des individus, car le nombre réduit des effectifs des institutions d'encadrement limite leur influence. Un contrôle social s'exerce dans la société urbaine du Canada, mais c'est la société elle-même qui en établit les normes plutôt qu'elle n'en concède l'autorité à des institutions de régulation. Dans ce processus, les élites comme modèles et définisseurs des normes, et la famille, comme principal instrument d'autorégulation, jouent un rôle prédominant.

À la ville, comme d'ailleurs à la campagne, l'autorégulation se confond donc avec une attitude adoptée par tous, l'ordre vital est en même temps un ensemble de règles acceptées de tous et vécues par tous sans problèmes majeurs. Ce système de régulation des conduites où l'ordre social et l'ordre vital se confondent a permis à la société canadienne de la Nouvelle-France d'être une société où, en général, l'autorité est peu contestée et où, finalement, vivre ne manque pas d'agrément.

Conclusion

Faire partie de la société urbaine en Nouvelle-France, c'est vivre dans une agglomération restreinte, tant en termes démographiques qu'en termes d'espace occupé auquel jardins et prés donnent un petit air campagnard. L'enceinte qui entoure la ville et qui limite son expansion territoriale assure aux citadins une certaine protection contre les attaques des Amérindiens et des Anglais. «En outre, ces murailles concrétisaient la limite entre l'espace théoriquement bien dominé et le monde extérieur[1].» Ce dernier, divisé en deux parties, est formé d'une part des faubourgs et d'autre part de tout le monde «sauvage» qui s'étend au-delà et d'où peuvent surgir tous les dangers. Les maisons urbaines aux dimensions réduites, construites plus souvent en bois qu'en pierres, constituent avec quelques édifices religieux (églises, couvents, séminaires, collèges, hôpitaux) et administratifs (palais et châteaux) les seuls éléments de l'aménagement urbain car, jusque vers la fin du 17e siècle, aucun plan d'urbanisme n'en règlemente l'agencement.

Les murailles protègent certes, mais elles rendent plus grave toute épidémie et tout incendie. Le rassemblement d'un certain nombre de personnes dans un espace restreint ne peut faire autrement que de permettre la propagation rapide des maladies infectieuses et de multiplier les dangers d'incendie. Les maisons, bâties pour la plupart en matériaux inflamma-

Vue de la ville de Montréal vers la fin du 18ᵉ siècle, prise de l'île Sainte-Hélène, d'après une estampe publiée à Londres en 1803. (APC, NMC-16357, cliché XIII)

bles et recouvertes de bardeaux de cèdre, prennent feu à la moindre occasion.

Les rues de la ville, souvent étroites, tortueuses et remplies d'obstacles sont rarement pavées, si bien que le dégel du printemps les transforme en mares de boue. Sans réseau d'égoût ni de système d'éboueurs, la ville est «puante», en été surtout, et sale. Les déchets de ses habitants et de ses animaux s'amoncellent sur les voies publiques, disséminés par la pluie et le vent.

Mais ces aspects de la vie urbaine en Nouvelle-France sont sans commune mesure avec l'importance de la ville sur le plan économique, social et politique. Centre des échanges commerciaux, la ville abrite les principaux marchés et boutiques où le peuple peut vendre ses produits, acheter ce dont il a besoin et avoir recours à de multiples services. Voici d'ailleurs l'apologie qu'en fait l'évêque de Québec, Henri-Marie Dubreuil de Pontbriand:

Les villes sont, Nos Très Chers Enfants, comme le centre de cette colonie [...]. C'est dans les villes que vous trouverez ce qui manque dans vos campagnes; c'est dans les villes où plusieurs de vos enfants reçoivent une éducation chrétienne. C'est dans les villes où les hôpitaux sont ouverts pour vous recevoir dans vos infirmités; c'est dans les vil-

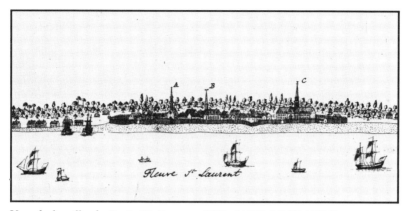

Vue de la ville de Trois-Rivières en 1721. (APC, NMC-18234)

les où la justice règle vos différends et fait rendre à un chacun ce qui lui appartient; c'est là où réside d'une manière particulière l'autorité royale et où Sa Majesté entretient un grand nombre de troupes pour la défense de cette colonie, pour maintenir la tranquillité publique et assurer votre repos; c'est enfin dans les villes où se réfugient les pauvres des campagnes qui viennent surcharger les citoyens[2].

En raison des pouvoirs politique, administratif et religieux, qui y siègent, la ville est l'enclave de l'autorité. Celle-ci couvre tous les domaines de la vie publique des citadins, jouant auprès d'eux le rôle d'un «père juste, sévère et affectueux».

L'ordre urbain et l'honnêteté des mœurs reposent en grande partie sur l'État. Pour préserver la sécurité physique des gens, il promulgue des ordonnances sur les incendies, sur l'hygiène, sur l'enlèvement des immondices dans les rues et sur l'alimentation. Il prend également des mesures pour que la paix publique soit maintenue, mettant sur pied des patrouilles pour lutter contre le vagabondage. Il fait la chasse aux marginaux, aux délinquants et aux criminels, et surveille la mendicité et la prostitution. Il ouvre des Bureaux des pauvres pour venir en aide à ceux qui sont incapables de travailler et il recueille les enfants abandonnés. Il rend la justice et assure à tous la tranquillité publique. Enfin, il intervient pour préserver la santé morale des citadins en fixant le nombre maximum

Vue de la ville de Québec depuis le Sud-Est, vers 1760. (APC, NMC-4808)

de cabarets qu'une ville peut tolérer et en interdisant les jeux de hasard.

L'Église seconde l'État. Son domaine est à la fois spirituel et temporel. Elle s'occupe de la moralité, des soins hospitaliers, de l'éducation et de l'évangélisation des Canadiens. Elle est charité et sévérité tout à la fois.

Le citadin est ainsi pris en charge par l'État et l'Église. Certes les autorités, en spécifiant les droits et obligations de chacun dans les villes canadiennes et en définissant le permis et l'interdit, ont eu pour fonction de réduire quelque peu l'anxiété de l'habitant. Toutefois, cette imposition de normes de conduite a ses limites. Les citadins ne se comportent pas toujours conformément aux prescriptions de l'État et de l'Église, comme en témoignent éloquemment les ordonnances et les règlements assortis d'amendes que les autorités civiles ont émis en quantité, ainsi que les plaintes répétées des évêques à propos du libertinage des Canadiens. Les habitants des villes sont portés à n'obéir à l'autorité que selon leur bon vouloir. Ils aiment boire et bien manger et ne détestent pas les plaisirs de la chair, du jeu et de la danse. Quelle autorité eût été assez ferme pour les empêcher de les satisfaire ? Payer des amendes pour n'avoir pas respecté les règlements publics fait partie des normes sociales. Voilà pourquoi l'autorité parle de Canadiens indisciplinés, mais jamais de délinquants. L'ordre et la paix internes sont garantis dans la famille, le travail, les loisirs, les activités religieuses ou profanes, par des notions de déférence et d'obéis-sance aux supérieurs profondément inculquées, plutôt que par les règlements, ordonnances et mandements officiels. Ainsi, la division entre dominants et dominés existe dans la réalité urbaine de chaque jour, mais les citadins semblent s'en accom-moder

La ville en Nouvelle-France est le résultat de l'interaction de trois pôles : l'État, l'Église et le peuple. L'Église y joue un rôle de gardienne de la foi et des mœurs. L'État y poursuit des objectifs de prospérité économique et commerciale et de maintien de l'ordre. Quant au peuple, dans l'ensemble, il a tendance à respecter les normes sociales définies par les auto-rités dans la mesure où ces dernières ne le restreignent pas trop dans ses actes. Comme l'affirmait l'intendant Gilles Hoc-quart, les Canadiens étaient « communément assez souples lorsqu'on les piquait d'honneur et qu'on les gouvernait avec justice[3] ».

Sigles

AC	Archives des colonies
AN	Archives nationales, Paris
APC	Archives publiques du Canada
ANQQ	Archives nationales du Québec à Québec
ANQM	Archives nationales du Québec à Montréal
BRH	*Bulletin des recherches historiques*
DBC	*Dictionnaire biographique du Canada*
EO	*Édits et Ordonnances*
JDCS	*Jugements et délibérations du Conseil souverain /ou supérieur/ de la Nouvelle-France*
MSRC	*Mémoires de la Société royale du Canada*
PJN	Pièces judiciaires et notariales
RAPQ	*Rapport de l'archiviste de la province de Québec*
RHAF	*Revue d'histoire de l'Amérique française*

Notes

Introduction

1. John A. Dickinson, *Justice et justiciables. La procédure civile à la prévôté de Québec, 1669-1759*, p. 24.
2. Pehr Kalm, *Voyage de Pehr Kalm au Canada en 1749*, f. 324.
3. J. Mathieu, « Un pays à statut colonial », J. Hamelin, *Histoire du Québec*, p. 227.
4. Pehr Kalm, *Voyage de Pehr Kalm...*, f. 210.
5. F.-X. Charlevoix, *Journal...*, p. 79.
6. Lire à ce sujet le bilan historiographique établi par Yvon Desloges dans *Bulletin de recherches* n° 197 (juin 1983) de Parcs Canada sous le titre « L'étude du passé urbain et ses nombreuses approches : un bilan historiographique », 12 p.
7. Louise Dechêne. *Habitants et marchands de Montréal au XVIIᵉ siècle*, Paris, Plon, 1974, 588 p. Mentionnons également l'intéressante thèse de doctorat de Gertrude Allana Reid sur Québec ; le livre d'André Charbonneau, Yvon Desloges et Marc Lafrance, *Québec, ville fortifiée, du XVIIᵉ au XIXᵉ siècle* ; et l'ouvrage de Raymonde Gauthier sur Trois-Rivières.

Chapitre 1 — Le cadre urbain

1. Diana Klebanov, Franklin L. Jones et Ira M. Leonard, *Urban Legacy. The Story of America's Cities*, p. 23.

2. Gouvernement du Canada, *Recensements du Canada, 1665 à 1871, IV*; Louise Dechêne, «La croissance de Montréal au XVIIIᵉ siècle», p. 164.
3. G.B. Warden, «L'urbanisation américaine avant 1800», p. 862-879.
4. Chaussegros de Léry au ministre, 9 novembre 1745, dans P.-G. Roy, *Inventaire des papiers de Léry*, II, p. 72.
5. Ordonnance de Jacques Raudot, 20 juillet 1706, AN, Col., C11ᴬ, vol. 24, f. 73.
6. Gédéon de Catalogne au ministre, 9 novembre 1713, AN, Col., C11ᴬ, vol. 34, f. 115v.
7. Louise Dechêne, «La croissance de Montréal au XVIIIᵉ siècle», p. 167.
8. G.A. Reid, *The Development and Importance of the Town of Quebec*, p. 14.
9. Louise Dechêne, «Quelques aspects de la ville de Québec au XVIIIᵉ siècle d'après les dénombrements paroissiaux», p. 491-494.
10. A. Charbonneau, Y. Desloges, M. Lafrance, *Québec, ville fortifiée, du XVIIᵉ au XIXᵉ siècle*, p. 357.
11. Pehr Kalm, *Voyage de Pehr Kalm au Canada en 1749*, f. 777.
12. Louise Dechêne, «La croissance de Montréal...», p. 168-169.
13. A. Charbonneau, Y. Desloges, M. Lafrance, *Québec, ville fortifiée...*, p. 352.
14. Pehr Kalm, *Voyage de Pehr Kalm au Canada...*, f. 210.
15. G.B. Warden, «L'urbanisation américaine...», p. 873.
16. Pehr Kalm, *Voyage de Pehr Kalm au Canada...*, f. 777-778 et R.-L. Séguin, *Les granges du Québec*, p. 1.
17. Pehr Kalm, *Voyage de Kalm en Amérique*, p. 56; Louise Dechêne, *Habitants et marchands de Montréal au XVIIᵉ siècle*, p. 362; Pehr Kalm, *Voyage de Pehr Kalm au Canada...*, f. 699.
18. Les exemples qui suivent sont extraits de «Aveu et dénombrement [...] pour la seigneurie de l'île de Montréal (1731)», *RAPQ*, 1941-1942, p. 8s., de même que des aveux et dénombrements du fief du Sault-au-Matelot (20 août 1737), ANQQ, Papier terrier du fief du Sault-au-Matelot, 20 août 1737, f. 577s.
19. ANQM, Antoine Adhémar, Inventaire des biens de Jean-Baptiste Demers, 9 et 10 février 1691, cité par R.-L. Séguin dans *La civilisation traditionnelle de l'habitant aux XVIIᵉ et XVIIIᵉ siècles*, p. 339-340.
20. Louise Dechêne, «La croissance de Montréal...», p. 168.
21. Roger Saucier, *L'hygiène publique et privée au Canada sous le Régime français*, p. 19.

22. Louise Dechêne, «La croissance de Montréal...», p. 238.
23. R. Saucier, *L'hygiène publique...*, p. 21.
24. Élisabeth Bégon, «Correspondance de Madame Bégon», p. 26.
25. Luce Vermette, *Les feux domestiques à Montréal de 1740 à 1760*, p. 35-36; voir aussi Marcel Moussette, *Le chauffage domestique au Canada...*, p. 65-77.
26. F.-X. Charlevoix, *Journal...*, III, p. 71
27. *Ibid.*, III, p. 72; et J.C.B. (Bonnefons)..., *Voyage au Canada...*, p. 29.
28. Pehr Kalm, *Voyage de Pehr Kalm au Canada...*, f. 699; F.-X. Charlevoix, *Journal...*, III, p. 138; «Aveu et dénombrement...» *RAPQ*, 1941-1942, p. 37; J.C.B. Bonnefons, *Voyage au Canada*, p. 43; *Règlements généraux du Conseil supérieur de Québec du 11 mai 1676*, *EO*, II, p. 65.
29. Ordonnance de Michel Bégon, 15 juillet 1722, *EO*, III, p. 443.
30. *Règlements généraux du Conseil supérieur de Québec*, 11 mai 1676, *EO*, II, p. 17; Ordonnance de Jacques Raudot, 22 juin 1706, *EO*, II, p. 201; Ordonnance de Jacques Raudot, 23 septembre 1708, *EO*, III, p. 425.
31. Ordonnance de Jacques Raudot, 22 août 1708, *EO*, III, p. 424.
32. Jean-François Cugnet, *Traité de la police*, article 11, p. 20.
33. ANQQ, NF 25, PJN 1078 1/2.
34. Pour la description des diverses peines corporelles voir A. Lachance, *La justice criminelle du roi au Canada au XVIIIᵉ siècle*, p. 105-133; ANQQ, NF 13-5, *Procédures judiciaires. Matières criminelles*, III, f. 309-309v.
35. Jean Bontemps, originaire du village de La Rochefoucauld, Périgueux, France, âgé de 25 ans, huguenot, soldat de la compagnie de M. de Beauharnois en garnison à Montréal, ANQQ, NF 25, *PJN* 1217. Jean Dupont dit Printemps, originaire de la ville de Bourges en France, âgé de 26 ans, soldat de la compagnie de M. de Beauvais en garnison à Montréal, ANQQ, NF 25, *PJN* 1217.
36. Extrait du procès-verbal du sieur de la Janière, 3 février 1741 dans la lettre de Beaucours au ministre, 10 mai 1741, AN, Col., C11ᴬ, vol. 76, f. 259.
37. W.J. Eccles, *La société canadienne sous le Régime français*, p. 52; Pehr Kalm, *Voyage de Kalm en Amérique*, p.55; Extraits de «Aveu et dénombrement [...] pour la seigneurie de l'île de Montréal (1731)», dans *RAPQ*, 1941-1942, *passim*; Louise Dechêne, *Habitants et marchands de Montréal au XVIIᵉ siècle*, p. 364.
38. Cité par P.G. Roy, *Toutes petites choses du Régime français*, deuxième série, p. 211. Voir aussi Antoine Dumas, *À l'enseigne d'antan*, p.19.

39. *Ibid.*, p. 210-211.
40. Voir Jacques Wilhem, *La vie quotidienne des Parisiens au temps du Roi-Soleil*, p. 58-60; et É.-Z. Massicotte, « Les enseignes à Montréal, autrefois et aujourd'hui », p. 353-354.
41. F.-J. Cugnet, *Traité de la police*, p. 16.
42. ANQM, *Documents judiciaires*, 14 janvier 1747.
43. P.G. Roy, *Ordonnances des gouverneurs et intendants...*, II, p. 136.
44. *EO*, III, p. 462.
45. *Ibid.*, II, p. 258.
46. *EO*, III, p. 432.
47. ANQQ, NF 25, *PJN* 953. Marianne Proulx: célibataire, baptisée à la Pointe-aux-Trembles, le 3 septembre 1684, *Dictionnaire généalogique Tanguay*, VI, p. 456; Pierre Bastien dit Pasquin: marié à Québec le 23 octobre 1725 à Louise Bidout, veuve de Charles Raymoneau, père de deux enfants, *ibid.*, II, p. 134.
48. Ordonnance de Jacques Raudot, 22 juin 1706, *EO*, II, p. 260; Ordonnance de Michel Bégon, 15 mars 1713, *EO*, III, p. 432.
49. *EO*, Ordonnances de Jacques Raudot, 22 juin 1706, et de Michel Bégon, 15 mars 1713, p. 260 et 432.
50. A. Charbonneau, Y. Desloges, M. Lafrance, *Québec, ville fortifiée...*, p. 347.
51. Lettre de P. Raimbault datant de 1730, AN, Col., F^3, f. 378.
52. Pehr Kalm, *Voyage de Pehr Kalm au Canada...*, f. 677.
53. Pour ce qui suit, voir l'étude de Monique La Grenade sur *Le costume civil à Louisbourg au XVIIIe siècle*, ainsi que celle de R.-L. Séguin, *La civilisation traditionnelle de l'habitant aux XVIIe et XVIIIe siècles*, p. 459-503.
54. Monique La Grenade, *Le costume civil à Louisbourg...*, p. 146-147.
55. *Ibid.*, p. 149.
56. Roger Pinon, « Le costume civil en Nouvelle-France », *Recherches sociographiques*, vol. 11 (1970), p. 177.
57. État de l'habillement et hardes à envoyer en l'année 1729 pour les troupes des colonies, AN, Col., B, 51, f. 191-193.
58. Pehr Kalm, *Voyage de Pehr Kalm au Canada...*, f. 677 et 690.
59. ANQM, *Documents judiciaires*, 1er et 4 avril et 15 juillet 1680; 6 et 7 juin 1727; lettre de Pierre Raimbault datant de 1730, AN, Col., F^3, f. 378, f. 274-275; *JDCS*, III, 31 mars 1694, p. 867-869.
60. ANQM, *Documents judiciaires*, 29 décembre 1687; Louise Dechêne, *Habitants et marchands...*, p. 37-38; W.J. Eccles, *La société...*, p. 67.
61. F.-J. Cugnet, *Traité de la police*, p. 18-19; *EO*, II, p. 276; voir aussi Arrêt du Conseil supérieur du 19 août 1686; Ordonnances des intendants du 9 août 1702, 29 juin 1713, 31 octobre 1727 et 17 mars 1731.

62. ANQM, *Registre des audiences. Juridiction de Montréal, 1709-1713*, 7 avril 1713 s.f.; A.G. Reid, *The Development and Importance of the Town of Quebec*, p. 76.
63. Ordonnance de François Bigot, *EO*, II, p. 398; ANQM, *Documents judiciaires*, juin-juillet 1736, 3 au 7 juillet 1736, s.f.; voir aussi 5 août 1735.
64. Louise Dechêne, « La croissance de Montréal au XVIIIe siècle », p. 168.
65. A. Silvy, *Relations par lettres de l'Amérique septentrionale*, p. 74; Pehr Kalm, *Voyage de Kalm...*, p. 64-65; F.-X. Charlevoix, *Journal...*, III, p. 138.
66. P. Kalm, *Voyage de Kalm en Amérique*, p. 64-65.
67. P. Kalm, *Voyage de Pehr Kalm au Canada...*, f. 718.
68. P. Kalm, *Voyage de Kalm en Amérique*, p. 55.

Chapitre 2 — Le peuple des villes

1. A. Lachance, *La justice criminelle du roi au Canada au XVIIIe siècle*, p. 40-51.
2. A. Lachance, *Crimes et criminels en Nouvelle-France*, p. 119-121. Moins fréquentes qu'au 17e siècle, il y a encore au 18e siècle quelques exceptions que l'intérêt économique suffit à expliquer. Citons le cas de cet ouvrier spécialisé, André Souste, venu au pays à la demande du fondateur des Frères hospitaliers de la Croix et de Saint-Joseph, dans le but d'établir une manufacture de bas à l'Hôpital Général de Montréal. Diverses circonstances le poussent à abandonner ce projet et à s'orienter plutôt vers le commerce au détail de tissus et de vêtements. Il s'allie à une famille bien en vue à Montréal et dans l'ensemble de la colonie, quoique sans fortune, celle de Denis d'Estienne Du Bourgué de Clérin, officier militaire, aide-major de la ville et du gouvernement de Montréal, dont il épouse une des filles, Louise. Grâce à l'influence de son beau-frère, Danré de Blanzy, il est nommé notaire royal dans le gouvernement de Montréal tout en continuant à s'occuper de son commerce avec sa femme. À la fin de sa vie active, André Souste est devenu un homme à l'aise. Il possède en plus d'une imposante maison de pierre, rue Saint-Pierre, à Montréal, une ferme à la côte Saint-Laurent, près de Montréal. La carrière de cet homme qui, d'ouvrier spécialisé, parvient à se hisser au sein du monde judiciaire de la colonie grâce à son mariage, démontre bien le rôle social joué à l'époque par le mariage et les bonnes relations (*Dictionnaire biographique du Canada*, II, p. 228-229 et IV, p. 781-782). L'ascension de Michel Bénard qui, de simple écrivain du roi au bureau de

l'intendance à Québec, devient premier secrétaire de l'intendant Gilles Hocquart en est un autre exemple. Bénard épouse Marie-Geneviève Lanoullier de Boisclerc, fille de Nicolas, receveur du Domaine d'Occident et conseiller au Conseil supérieur de la Nouvelle-France. Par la suite, grâce à Nicolas Lanoullier de Boisclerc et à l'intendant, il est nommé receveur du Domaine d'Occident en remplacement de son beau-père, puis conseiller au Conseil supérieur de la Nouvelle-France (*Dictionnaire biographique du Canada*, III, p. 68).

3. J. Dickinson, *Justice et justiciables...*, p. 25-26; Louise Dechêne, «La croissance de Montréal au XVIIIe siècle», p. 173-178.

4. Bégon au Ministre, 26 octobre 1722, AN, Col., C11A, V, 120, f. 334-3.

5. F.-X. Charlevoix, *Journal d'un voyage...*, III, p. 79.

6. Pehr Kalm, *Voyage de Pehr Kalm au Canada en 1749*, f. 676.

7. É. Bégon, *Lettres au cher fils...*, p. 77-86.

8. J. Dickinson, *Justice et justiciables...*, p. 31-32; Jacques Mathieu, «Un pays à statut colonial», dans Jean Hamelin, *Histoire du Québec*, p. 216.

9. Inventaire des biens et effets de Jean-François Malhiot, ANQM, Greffe de Danré de Blanzy, 3 juin 1756.

10. ANQM, *Documents judiciaires*, janvier-juillet 1717, 11 mai 1717.

11. Louise Dechêne, *Habitants et marchands...*, p. 391.

12. *Ibid.*, p. 391-457.

13. ANQM, *Liasse du Bureau des pauvres de Montréal*, 3 juin 1698, f. 10-11, et A. Lachance, «Le Bureau des pauvres de Montréal, 1698-1699», p. 104-108.

14. P. Goubert, *L'Ancien Régime*, t. I, p. 197. Inventaire des biens de la veuve Marie-Josèphe Dumouchel, ANMQ, Greffe de P. Panet, 18 novembre 1757.

15. L. Dechêne, *Habitants et marchands...*, p. 394-395; Marîse Thivierge, «Les artisans du cuir à Québec (1660-1760)», p. 347; A. Charbonneau, Y. Desloges et M. Lafrance, *Québec, ville fortifiée...*, p. 248-266.

16. Il s'agit de François-Noël Levasseur né à Québec en 1703 et décédé dans la même ville en 1794, maître sculpteur et statuaire; *DBC*, IV, p. 509-510; *BRH*, XXXVII (1931), p. 496-499; L. Dechêne, *Habitants et marchands...*, p. 396-397.

17. Jean-Pierre Hardy et D.T. Ruddel, *Les apprentis artisans à Québec, 1660-1815*, p. 37 et *passim*.

18. ANQM, Greffe de J.C. Raimbault, 27 mai 1732.

19. ANQM, *Documents judiciaires*, août-décembre 1715, 17 août 1715.

20. ANQM, *Documents judiciaires*, août-décembre 1715, 29 novembre 1715.

21. ANQM, Greffe du notaire F. Lepailleur, 22 mars 1737.
22. Engagement d'Antoine Halé par André Souste, ANQM, Greffe de J.-B. Adhémar, 21 novembre 1725.
23. ANQM, *Documents judiciaires*, août-décembre 1715, 16 décembre 1715.
24. Francine Barry, « La domesticité féminine à Québec au milieu du XVIIIe siècle », dans Nadia Fahmy-Eid et Micheline Dumont, *Maîtresses de maison, maîtresses d'école*, p. 223 et *passim*.
25. Daniel Lépine, *La domesticité juvénile à Montréal (1713-1744)*.
26. ANQM, Greffe du notaire J. David, 19 avril 1723 et greffe du notaire N.-A. Guillet de Chaumont, 12 septembre 1732.
27. Gilles Proulx, « Soldats à Québec, 1748-1759 » p. 554-556.
28. Louise Dechêne, « La croissance de Montréal... », p. 175-176.
29. G. Proulx, « Soldats à Québec... », p. 554-556.
30. Ordonnance de M. de Denonville au sujet des soldats à Montréal, 5 octobre 1685, P.-G. Roy, *Ordonnance, commissions,... des gouverneurs et intendants..., 1639-1706*, II, p. 126-128.
31. G. Proulx, « Soldats à Québec... », p. 549.
32. ANQM, *Documents judiciaires*, 21 novembre 1750 au 27 février 1751 ; ANQ, NF 25-84, PJN 1640, 18 septembre au 5 novembre 1751.
33. G. Proulx, « Soldats à Québec... », p. 552-553.
34. ANQQ, NF 25-85, PJN 1639, NF 25-100, PJN 1922.
35. ANQM, *Documents judiciaires*, 21 novembre au 30 décembre 1750.
36. ANQM, *Documents judiciaires*, 1er décembre 1717 au 30 janvier 1718.
37. ANQM, *Documents judiciaires*, 10 janvier au 22 mars 1751.
38. ANQQ, NF 25-89, PJN 1736, 14 au 29 août 1754.
39. ANQM, *Documents judiciaires*, 30 avril 1754.
40. Lettre de Frontenac et Champigny au ministre, 4 novembre 1693, *RAPQ*, 1927-1928, p. 169.
41. Pehr Kalm, *Voyage de Pehr Kalm...*, f. 692.
42. L. Dechêne, *Habitants et marchands...*, p. 397-398.
43. ANQM, *Documents judiciaires*, 15 février 1756 ; Collectif Clio, *L'histoire des femmes au Québec...*, p. 107.
44. Inventaire après décès de Pierre Fauteux, ANQM, *Documents judiciaires*, 22 janvier 1731, s.f.
45. ANQQ, NF 25-86, PJN 1666, 22 mai au 10 juin 1752.
46. ANQM, *Documents judiciaires*, 21 mars 1754. Une toupie est une femme peu vertueuse.
47. ANQM, Extrait des délibérations du Bureau des pauvres de Montréal, 5 janvier 1699, 10e assemblée, liasse du Bureau des pauvres de Montréal, f. 20-21.

48. ANQM, *Lettre circulaire du Bureau de Québec aux autres bureaux des pauvres*, liasse du Bureau des pauvres de Montréal, février 1698, ff. 6-7; André Lachance, « Le Bureau des pauvres de Montréal, 1698-1699 », p. 106-107.

49. ANQQ, NF 25, PJN 1597.

50. ANQQ, nf 25, PJN 927; ANQM, *Documents judiciaires*, 13 novembre 1732.

51. ANQQ, NF 25, PJN 977.

52. ANQQ, NF 25, PJN 1643; ANQM, *Documents judiciaires*, 21 février au 26 avril 1751.

53. ANQM, *Documents judiciaires*, 27 février 1753.

54. Arrêt du Conseil supérieur de Québec, 26 avril 1683, *EO*, II, p. 102.

55. Beauharnois au ministre, 27 octobre 1742, AN, Col., C11^A, 77, ff. 135-136v.

56. ANQQ, PJN 1736.

57. ANQM, Greffe de J.B. Adhémar, 23 février 1728.

58. Lyne Paquette, *Les naissances illégitimes sur les rives du Saint-Laurent avant 1730*, p. 70-74.

59. ANQM, Greffe de M. Lepailleur, 19 janvier 1727.

60. ANQM, *Documents judiciaires*, août-décembre 1717, 3 octobre, s.f.

61. ANQQ, NF 25, PJN 847.

62. ANQQ, NF 2-35, *Hocquart, Ordonnances, 1748*, 12 mars 1748, vol. 35, f.17v-20.

63. ANQM, Greffe de J. David, 23 mai 1726, voir aussi greffe de François Simonnet, 30 juin 1740.

64. Marcel Trudel, *L'esclavage au Canada français*, p. 317-318.

65. Ordonnance de Raudot, *EO*, II, p. 272.

66. ANQM, Greffe de François Simonnet, 8 novembre 1738.

67. Inventaire des biens délaissés après le décès de Mr de Longueuil, ANQM, Greffe de Danré de Blanzy, 12 mars 1755.

68. ANQM, Greffe de Pierre Raimbault, avril 1737, cité par M. Trudel, *L'esclavage au Canada français...*, p. 100.

69. M. Trudel, *L'esclavage au Canada français*, p. 75-76 et 101-102.

70. *Ibid.*, p. 318-319, 321.

71. Expression empruntée à R. Muchembled dans *Culture populaire et culture des élites...*, p. 145.

Chapitre 3 — Les besoins collectifs

1. Mémoire de Chaussegros de Léry, 10 août 1717, cité par A. Gosselin, « Québec en 1730 », p. 13.

2. L. Dechêne, *Habitants et marchands...*, p. 361-362.
3. M. de Beaucour au ministre, 13 octobre 1738, AN, Col., C11ᴬ.
4. Pehr Kalm, *Voyage de Kalm en Amérique*, p. 55.
5. A. Silvy, *Relation par lettres de l'Amérique septentrionale*, cité par P.-G. Roy, *La ville de Québec sous le Régime français*, II, p. 52.
6. Gérard Morisset, «Réflexions sur le développment de Québec», *Urbanisme et architecture*, p. 271-273.
7. J.C.B. (Bonnefons), *Voyage au Canada...*, p. 28-29.
8. Foligné, «Journal des faits arrivés à l'armée de Québec», cité par P.-G. Roy, *La ville de Québec sous le Régime français*, II, p. 307-308.
9. Nicolas-Gaspard Boucault, «État présent du Canada», p. 43.
10. B. Sulte, «Les fortifications», p. 26-44.
11. L. Franquet, *Voyages et mémoires sur le Canada*, p. 16 et 110.
12. Louise Dechêne, *Habitants et marchands...*, p. 361-362.
13. Sur la question des corvées, lire l'intéressante étude de A. Charbonneau, Y. Desloges et M. Lafrance, *Québec, ville fortifiée...*, p. 255-266.
14. *JDCS*, II, p. 64-65; *EO*, II, p. 66, 220.
15. É.-Z. Massicotte, «Les premiers puits de Montréal», p. 211-213.
16. *EO*, II, p. 345.
17. *JDCS*, III, p. 111, 870; P.-G. Roy, *La ville de Québec sous le Régime français*, II, p. 241; *EO*, II, 6 août 1731, p. 344-345; P.-G. Roy, *Ordonnances des gouverneurs et intendants...*, II, p. 186-187.
18. W.J. Eccles, *La société canadienne sous le Régime français*, p. 52.
19. ANQM, Greffe de J.-C. Porlier, 22 juillet 1734.
20. *Ibid*.
21. *EO*, II, p. 344.
22. Cité par Marcel Trudel, *Initiation à la Nouvelle-France*, p. 246.
23. Cité par P.-G. Roy, «Les conflagrations à Québec sous le Régime français», p. 72-73.
24. Sœur Marie Morin, «Annales de l'Hôtel-Dieu de Montréal», p. 103-104, cité par R. Lahaise, *Les édifices couventuels du Vieux Montréal...*, p. 63-64.
25. Ordonnance de François Bigot rendue au sujet des pignons des maisons de la ville de Québec, du 31 mai 1754, *EO*, II, p. 418.
26. Extrait de l'ordonnance de Gilles Hocquart pour prévenir et empêcher les incendies, du 12 juillet 1734, ANQQ, NF 21-16, *Documents de la juridiction de Montréal, 1724-1735*, 4 mai 1735. Voir aussi *EO*, II, p. 368-369, et *Jugements et délibérations du Conseil souverain*, 22 novembre 1706, p. 446.
27. *Ibid.*; *EO*, II, p. 369; ANQQ, NF 13-1, *Matières de police 1695-1755*, f. 260-261.

28. Ordonnance de Michel Bégon, 8 juillet 1721, cité par É.-Z. Massicotte dans « L'incendie du Vieux Montréal en 1721 », p. 604-605.

29. ANQQ, NF 25, PJN 979.

30. P.-G. Roy, *Ordonnances des gouverneurs et intendants...*, II, p. 135.

31. ANQM, *Documents judiciaires*, 6 au 17 février 1731. Charles Pépin, célibataire, baptisé à Charlesbourg, le 18 septembre 1705 (Tanguay, *Dictionnaire*, VI, p. 293-296); Michel Barré, né à Montréal en 1703, marié dans la même ville le 12 septembre 1729 à Cunégonde Goyer; père d'une fille, née en 1730 (*ibid.*, p. 130-131).

32. P.-G. Roy, *Ordonnances des gouverneurs et intendants...*, II, p. 136.

33. *EO*, II, p. 115, 276; ANQM, Registre des audiences, juridiction de Montréal, 1709-1713, 7 avril 1713.

34. *EO*, II, p. 258.

35. ANQQ, NF 20-11, *Documents de la prévôté de Québec. Pièces détachées 1745-1746*, 5 avril 1745.

36. F.-J. Cugnet, *Traité de la police...*, p. 20-21.

37. *EO*, II, P. 136.

38. P.-G. Roy, *Ordonnances des gouverneurs et intendants...*, II, p. 245.

39. *EO*, II, 1er février 1706, p. 137; *JDCS*, II, p. 64-65; *EO*, II, p. 66-220.

40. *JDCS*, III, p. 871.

41. M. Trudel, *Initiation à la Nouvelle-France*, p. 241. Voir aussi P.- G. Roy, « Les épidémies à Québec », p. 204-212.

42. Jean-Pierre Goubert, *Malades et médecins en Bretagne, 1770-1790*, p. 197.

43. Ruette d'Auteuil, « Mémoire sur l'état présent du Canada », 12 décembre 1715, p. 64.

44. François Lebrun, *Les hommes et la mort en Anjou aux XVIIe et XVIIIe siècles*, p. 430.

45. Louise Dion, *L'épidémie de variole de l'hiver 1702-1703 dans la ville de Québec.*

46. Dom Albert Jamet, dir., *Les annales de l'Hôtel-Dieu de Québec, (1636-1716)*, p. 308.

47. Louise Dion, *L'épidémie de variole...*, p. 39-40.

48. Louis de Bougainville, « Mémoire sur l'état de la Nouvelle-France », 1757, p. 60-61.

49. Pehr Kalm, *Voyage de Pehr Kalm au Canada...*, f. 711-712.

50. « Ordonnance de Lajonquière et Bigot », 12 juin 1750, cité par J.E. Roy, *Histoire du notariat au Canada*, I, p. 18-19.

51. ANQM, *Documents judiciaires*, 30 juillet 1743.

52. Pehr Kalm, *Voyage de Kalm en Amérique*, p. 55.

53. Pehr Kalm, *Voyage de Pehr Kalm au Canada...*, f. 324.
54. Louise Dion, *L'épidémie de variole...*, p. 29 et *passim*.

Chapitre 4 — Pouvoirs et contrôles

1. André Lachance, *Crimes et criminels en Nouvelle-France*, p. 78.
2. C'est le cas de Vincent Beauval et de sa femme en 1727 à Québec. ANQQ, NF 20-5, *Documents de la prévôté de Québec, 1727-1729*, 15 octobre 1727, 5, s.f.
3. En février 1741, lors de l'exécution des faux-monnayeurs Bontemps et Printemps, le public aide le soldat Bontemps à s'enfuir (Beaucours au ministre, 10 mai 1741, AN, Col., C11ᴬ, 76, f. 259).
4. Beauharnois et Hocquart au ministre, 15 octobre 1730, AN, Col., C11ᴬ, 52, f. 80v; en 1727, la servante Thérèse Boisjoly, accusée de vol, réussit à échapper aux archers de la maréchaussée grâce à l'aide qu'elle reçoit des habitants: « un Chacun sétant Empressé de la cacher Et soustraire à la justice » (ANQQ, NF 19-54, Registres de la prévôté de Québec, 54, f. 284).
5. C'est le cas des soldats Bernard dit Dupont, Laiguille et Lajoie, accusés d'avoir participé à une sédition au fort Niagara, qui s'enfuient grâce à l'aide de deux récollets, les frères Césarée et Carpentier. Ces derniers leur donnent des limes pour couper leurs fers et les conduisent en canot jusqu'à Québec. Il en est ainsi pour les faux-monnayeurs Bontemps et Printemps à qui les soldats procurent des couteaux pour rompre leurs liens (Beauharnois et Hocquart au ministre, 23 octobre 1730, AN, Col. C11ᴬ, 23 octobre 1730, 52, f. 188 et *passim*).
6. Un voleur est libéré par les « gens de la maison » d'un certain Castonguay, habitant de Saint-Roch-des-Aulnaies, chez qui le capitaine de milice du cap Saint-Ignace, Alexandre du Kroach, qui vient de capturer le filou, s'est arrêté pour se reposer, se « trouvant accablé de Sommeil » avant de conduire l'inculpé à Québec (Alexandre Du Kroach, dit Le Breton, à Beauharnois, 30 novembre 1733, ANQQ, NF 1, *Gouverneurs*, 1626-1734, s.f.; PJN 977).
7. É.-Z. Massicotte, « La pension Morand à Montréal au XVIIIᵉ siècle », p. 339.
8. ANQM, *Documents judiciaires*, 7 mars au 22 avril 1743.
9. É. Bégon, *Lettres au cher fils...*, p. 48.
10. É.-Z. Massicotte, « Auberges et cabarets d'autrefois », p. 108-109.
11. Louise Dechêne, *Habitants et marchands...*, p. 393; et ANQQ, NF 2-6, Bégon, Ordonnances 1713-1720, 22 juin 1714, f. 90-91v.

12. ANQM, *Documents judiciaires*, 20 août 1715; ANQM, *ibid*, 27 juillet 1714.
13. Ordonnance Claude-Thomas Dupuy, 22 novembre 1726, *EO*, III, p. 446-449.
14. *Ibid*.
15. ANQQ, NF 2-6, Bégon, Ordonnances 1713-1720, 22 juin 1714, f. 90-91v.
16. Ordonnance de Claude-Thomas Dupuy, 22 novembre 1726, *EO*, III, p. 448.
17. ANQQ, NF 2, Bégon, Ordonnances, 13 janvier 1714, 27 novembre 1724; Hocquart, Ordonnances, 29 octobre 1730, 30 juillet 1730.
18. ANQQ, NF 2, Bégon, Ordonnances, 16 décembre 1714; Dupuy, Ordonnances, 28 janvier 1727; Hocquart, Ordonnances, 28 juin 1739.
19. Ordonnances de Jacques Raudot, 17 août 1706, *EO*, III, p. 415.
20. Johanne Debien, *Les lieux de regroupement*, p. 11.
21. R.-L. Séguin, *Les divertissements en Nouvelle-France*, p. 55-61.
22. ANQQ, NF 2-12^A, Dupuy, Ordonnances 1726-1727, vol. 12^2, f. 90-90v.
23. AN, Col., B, vol. 105, f. 205-205v.
24. ANQM, *Documents judiciaires*, 21 au 30 décembre 1721; ANQQ, NF 13-1, *Matières de police*, 1695-1755, p. 65-94.
25. ANQM, *Documents judiciaires*, du 19 janvier au 20 mai 1716, AN, Col., C11^A, Conseil de marine à Bégon, 2 janvier 1717, vol. 37, f. 12-12v; ANQM, *Documents judiciaires*, 1er décembre 1717 au 30 janvier 1718.
26. R.-L. Séguin, *La vie libertine en Nouvelle-France*, vol. I, p. 85-97.
27. Louise Dechêne, *Habitants et marchands...*, p. 394.
28. É.-Z. Massicotte, « La boulangerie à Montréal avant 1760 », p. 80.
29. ANQQ, NF 21-17, Documents de la juridiction de Montréal, 1737-1762, 23 mai 1737, s.f.
30. ANQM, *Documents judiciaires*, 30 juillet 1743.
31. É.-Z. Massicotte, « La boulangerie à Montréal », p. 81.
32. JDCS, V, p. 256.
33. *Ibid.*, III, p. 622; V, p. 235-236.
34. L. Dechêne, *Habitants et marchands...*, p. 394. Voir aussi *EO*, III, 20 juillet 1706, 20 juillet 1708, 14 août 1710, 3 février 1748.
35. Sur cette question, voir Jacques Attali, *Histoire du temps*.
36. L. Dechêne, *Habitants et marchands...* p. 397 (note 79).
37. Robert Lahaise, *Civilisation et vie quotidienne en Nouvelle-France*, p. 13.

38. Inventaire des biens de Charles Lemoyne, baron de Longueuil, 12 mars 1755, ANQM, Greffe de Danré de Blanzy; Inventaire des biens de Jean-François Malhiot, *ibid.*, 3 juin 1756; Inventaire de Ignace Perthuis, ANQQ, Greffe de C. Barolet, 18 juillet 1758; Inventaire du Marquis de Vaudreuil, *RAPQ*, 1957-1959, p. 353.
39. Inventaire de feu Monseigneur l'évêque (Pontbriand), *RAPQ*, 1957-1959, p. 365.
40. Robert Lahaise, *Civilisation et vie quotidienne en Nouvelle-France*, p. 72.
41. Lettre de Hocquart au ministre, 11 octobre 1739, AN, Col., C11ᴬ, vol. 81, f. 401.
42. Ordonnance de Michel Bégon, 8 juillet 1721, *EO*, III, p. 412.
43. R.-L. Séguin, *La vie libertine en Nouvelle-France*, I, p. 113.
44. Lettre de Hocquart au ministre, 11 novembre 1739, AN, Col., C11ᴬ, vol. 81, f. 401.
45. M. Trudel, *Initiation à la Nouvelle-France*, p. 239.
46. *Ibid.*, p. 272-273.
47. *Ibid.*
48. L. Dechêne, *Habitants et marchands...*, p. 472-473; et Paul-Émile Renaud, *Les origines économiques du Canada*, p. 387-389.
49. M. Trudel, *Les débuts du régime seigneurial au Canada*, p. 202.
50. Nive Voisine, *Histoire de l'Église catholique au Québec*, p. 20.
51. M. Trudel, *Initiation à la Nouvelle-France*, p. 271-272.
52. Élisabeth Bégon, *La correspondance...*, 1934-1935, p. 35.
53. M. Trudel, *Initiation à la Nouvelle-France*, p. 273-274.
54. ANQM, *Documents judiciaires*, 30 octobre 1715.
55. *Ibid.*, 7 septembre au 2 novembre 1715; Tanguay, *Dictionnaire*, II, p. 445.
56. ANQM, *Documents judiciaires*, 25 juin au 18 juillet 1740.
57. M. Trudel, *Initiation à la Nouvelle-France*, p. 272-273.
58. Collectif Clio, *L'histoire des femmes au Québec...*, p. 105-107.
59. Mandement de Mgr de St-Vallier à ses curés, 31 octobre 1690, H. Têtu et C.O. Gagnon, *Mandements... des évêques de Québec*, I, p. 269.
60. Collectif Clio, *L'histoire des femmes...* p. 106.
61. *Mandement de Mgr de St-Vallier*, 26 avril 1719, *Nova Francia*, I (1925-1926), nº 3, p. 215-216.
62. Extrait des statuts publiés dans le 4ᵉᵐᵉ synode tenu à Québec le 8 octobre 1700 par Mgr de St-Vallier, dans H. Têtu et C.O. Gagnon, *Mandements...*, I, p. 395-396.
63. R.-L. Séguin, *Les divertissements en Nouvelle-France*, p. 47.
64. É. Bégon, *Lettres au cher fils...*, p. 69-70.

65. *Ibid.*

66. C.-C. Bacqueville de La Potherie, *Histoire de l'Amérique septentrionale*, I, p. 279.

67. É. Bégon, *La correspondance...*, p. 31.

68. Gouvernement du Canada, *Recensements du Canada, 1665-1871*, vol. IV, p. 61.

69. Cameron Nish, *Les bourgeois-gentilshommes de la Nouvelle-France;* L. Dechêne, *Habitants et marchands...*, p. 391; A. Lachance, « Le Bureau des pauvres de Montréal 1698-1699 », p. 99-110.

70. Lire la description de l'arrivée du gouverneur-général Jacques-Pierre de Taffanel de la Jonquière en 1749, dans Pehr Kalm, *Voyage de Pehr Kalm au Canada en 1749*, f. 741-742.

71. L. Dechêne, *Habitants et marchands...*, p. 471.

72. A. Lachance, *La justice criminelle du roi au Canada*, p. 114.

73. Andrée Michel et Geneviève Texier, *La condition de la française d'aujourd'hui*, I: *Mythes et réalités*, p. 73-75.

74. ANQM, *Documents judiciaires*, 15 janvier au 21 février 1734.

75. ANQM, *Documents judiciaires*.

76. ANQM, *Documents judiciaires*, 8 juillet 1755.

77. ANQM, *Documents judiciaires*, 3 décembre 1754.

78. Denise Lemieux, *Les petits innocents. L'enfance en Nouvelle-France*, p. 54-58.

79. Terence Crowley n'a dénombré pour l'ensemble du Régime français qu'une douzaine de contestations populaires de l'autorité : « "Thunder Gusts" : Popular Disturbances in Early French Canada », p. 15.

Conclusion

1. Robert Muchembled, *Culture populaire et culture des élites dans la France moderne (XVe — XVIIIe siècles), Essai*, p. 140.

2. Mandement de Mgr de Pontbriand du 15 octobre 1742 « pour engager les habitants à se soumettre à la taxe des blés et à en apporter dans les villes », H. Têtu et C.O. Gagnon, dir., *Mandements...*, II, p. 23.

3. Mémoire de l'intendant Gilles Hocquart au roi, 8 novembre 1737, AN, Col., C11A.

Bibliographie

SOURCES MANUSCRITES

A.M.D.G., *Les Ursulines de Québec depuis leur établissement jusqu'à nos jours*, tome second, Québec, Darveau, 1864, 362 p.

Archives des colonies (AC)

Série B
Correspondance générale, ordres du roi, expédiés par le Ministère de la Marine aux fonctionnaires coloniaux, 1663-1774, 185 bobines de microfilm.

Série C11^A
Correspondance générale, Canada, 1575-1774, 131 bobines de microfilm.

Série F3
Collection Moreau de Saint-Méry, 1492-1798, 23 bobines de microfilm.

Archives nationales du Québec
— à Montréal (ANQM)

Documents judiciaires, 1677-1760, 163 cartons. Pièces détachées de documents judiciaires classés par ordre chronologique.

Greffes des notaires
— Adhémar, J.-B., 21 novembre 1725, 23 février 1728.
— Barolet, Claude, 18 juillet 1758.
— Danré de Blanzy, 12 mars 1755, 3 juin 1756.
— David, Jacques, 23 mai 1726.
— Guillet de Chaumont, N.-A., 12 septembre 1732.
— Hodiesne, Gervais, 22 novembre 1757.
— Lepailleur, François, 23 novembre 1738.
— Lepailleur, Michel, 19 janvier 1727.
— Panet, Pierre, 18 novembre 1757.
— Porlier, C.J., 22 juillet 1734.
— Raimbault, J.-C. 27 mai 1732.
— Raimbault, Pierre, 10 avril 1731.
— Simonnet, François, 8 novembre 1738, 30 juin 1740.

Registre des audiences, juridiction royale de Montréal, 1709-1713, 7 avril 1713.

— à Québec (ANQQ)

Collection de pièces judiciaires et notariales (série NF 25).

Documents de la juridiction de Montréal, 1676-1760, 17 vols (série NF 21).

Dossiers du Conseil supérieur, 1663-1759, 11 vols, (série NF 13).

Ordonnances des intendants, 1666-1760, 46 vols, (série NF 2).

Papier terrier du fief du Sault-au-Matelot, 20 août 1737, *passim.*

Registres de la prévôté de Québec, 1666-1759, 113 vols (série NF 19).

SOURCES IMPRIMÉES

Bacqueville de la Potherie, Claude-Charles, *Histoire de l'Amérique septentrionale,* Paris, 1722, 4 vols.
Beaudet, Léon, ptre, dir., *Recensement de la ville de Québec pour 1716,* Québec, (Côté), 1887, 66 p.
Bégon, É., *La correspondance de Madame Bégon, RAPQ* (1934-1935), p. 1-277.

— *Lettres au cher fils. Correspondance d'Élisabeth Bégon avec son gendre (1748-1753)*, préface de Nicole Deschamps, Montréal, HMH, 1972, 221 p.

(Bonnefons) J.C.B., *Voyage au Canada dans le Nord de l'Amérique septentrionale fait depuis l'an 1751 à 1761 par J.C.B.*, Québec, Léger Brousseau, 1887, 255 p.

Boucault, Nicolas-Gaspard, « État présent du Canada (1754) », *RAPQ* (1920-1921), p. 1-50.

Bougainville, Louis de, « Mémoire sur l'état de la Nouvelle-France (1757) », *RAPQ* (1923-1924), p. 42-70.

Buade de Frontenac, Louis, « Correspondance échangée entre la cour et Frontenac pendant sa première et deuxième administration, 1672-1682, 1689-1699 », *RAPQ* (1926-1927), p. 1-144, (1927-1928), p. 1-211 et (1928-1929), p. 247-384.

Charlevoix, François-Xavier, S.J., *Journal d'un voyage fait par ordre du roi dans l'Amérique septentrionale...*, tome III, Paris, 1744, 543 p.

Cugnet, François-Joseph, *Traité de la police*, Québec, Guillaume Brown, 1775, 26p.

Édits, ordonnances royaux, déclarations et arrêts du Conseil d'État du Roi concernant le Canada, Québec, E.-R. Fréchette, 1854-1856, 3 vols. Le volume 2 porte le titre de *Arrêts et règlements du conseil supérieur du Québec et ordonnances et jugements des intendants du Canada*, et le volume 3 celui de *Complément des ordonnances et jugements des gouverneurs et intendants du Canada précédé des commissions des dits gouverneurs et intendants et des différents officiers civils et de justice*, 776 p.

Franquet, Louis, *Voyages et mémoires sur le Canada*, Québec, A. Côté, 1889, 213 p., (Institut canadien de Québec).

Gouvernement du Canada, « Recensement du Canada 1665-1871 », *Statistiques du Canada*, vol. IV, Ottawa, 1876, 422 p.

Gouvernement du Québec, « Aveu et dénombrement de messire Louis Normand, prêtre du Séminaire de Saint-Sulpice de Montréal... pour la seigneurie de l'île de Montréal (1731) », *RAPQ* (1941-1942), p. 3-176.

Gouvernement du Québec, *Jugements et délibérations du Conseil souverain de la Nouvelle-France, 1663-1716*, 6 vols, Québec, A. Côté, 1885-1891.

Gouvernement du Québec, «Recensement de Québec en 1744», *RAPQ* (1939-1940), p. 1-154.

Jamet, Dom Albert, dir., *Les annales de l'Hôtel-Dieu de Québec, (1636-1716)*, Québec, 1939, 450 p.

Kalm, Pehr, *Voyage de Kalm en Amérique*, analysé et traduit par L.W. Marchand, Montréal, T. Berthiaume, 1880, septième et huitième livraison des Mémoires de la Société historique de Montréal, 2 volumes reliés en un seul.

— *Voyage de Pehr Kalm au Canada en 1749*. Traduction annotée du journal de route par Jacques Rousseau et Guy Béthune avec le concours de Pierre Morisset, Montréal, Le Cercle du Livre de France, 1977, 674 p.

Massicotte, É.-Z., dir., «Un recensement inédit de Montréal en 1741», *MSRC*, 3e série, XV (1921), section I, p. 1-61.

Morin, Soeur Marie, *Annales de l'Hôtel-Dieu de Montréal*, colligé et annoté par A. Fauteux, É.-Z. Massicotte et C. Bertrand, Mémoires de la Société historique de Montréal, 12, Montréal, Imprimerie des Éditeurs, 1921, 252 p.

Roy, Pierre-Georges, *Inventaire des papiers de Léry conservés aux Archives de la province de Québec*, Québec, R. Paradis, 1939-1940, 3 vols.

— *Ordonnances, commissions, etc., des gouverneurs et intendants de la Nouvelle-France, 1639-1706*, Beauceville, L'Éclaireur, 1924, 2 vols.

— *La ville de Québec sous le Régime français*, Québec, R. Paradis, 1930, 2 vols.

Ruette d'Auteuil, François-Madeleine-Fortuné, «Mémoire… sur l'état présent du Canada (12 décembre 1715)», *RAPQ* (1922-1923), p. 58-73.

Saint-Vallier, Mgr de, «Mandement du 26 avril 1719», *Nova Francia*, I (1925-1926), n° 3, p. 215-216.

Silvy, Antoine, *Relations par lettre de l'Amérique septentrionale, 1709 et 1710*, Paris, Camille de Rochemonteix, 1904.

Têtu, H. et C.O. Gagnon, dir., *Mandements, lettres pastorales et circulaires des évêques de Québec*, Québec, A. Côté, 1887-1898, 9 vols.

Vaudreuil, Philippe de Rigaud marquis de, «Les biens du marquis de Vaudreuil à Montréal en 1725. Inventaire, 15 juillet 1726», *RAPQ* (1957-1959), p. 337-355.

ÉTUDES

Attali, Jacques, *Histoire du temps*, Paris, Fayard, 1982, 526 p.

Bary, Francine, « La domesticité féminine à Québec au milieu du XVIIIᵉ siècle », Nadia Fahmy-Eid et Micheline Dumont, *Maîtresses de maison et maîtresses d'école. Femmes, famille et éducation dans l'histoire du Québec*, Montréal, Boréal Express, 1983, p. 223-235.

Charbonneau, André, Yvon Desloges et Marc Lafrance, *Québec, ville fortifiée, du XVIIᵉ au XIXᵉ siècle*, Québec, Éditions du Pélican et Parcs Canada, 1982, 491 p.

Collectif Clio, *L'histoire des femmes au Québec depuis quatre siècles*, Montréal, Quinze, 1982, 526 p.

Crowley, Terence, « ''Thunder Gusts'' : Popular Disturbances in Early French Canada », *Communications historiques*, Saskatoon, Société historique du Canada, 1979, p. 11-32.

Debien, Johanne, *Les lieux de regroupement. L'hôtellerie d'autrefois*, Montréal, Service des transcriptions et dérivés de la radio, Radio-Canada, Présence du passé, Cahier nᵒ 30, 1979, 24 p.

Dechêne, Louise, « La croissance de Montréal au XVIIIᵉ siècle », *RHAF*, vol. 27, nᵒ 2 (septembre 1973), p. 163-179.

— *Habitants et marchands de Montréal au XVIIᵉ siècle*, Montréal, Plon, 1974, 588 p.

— « Quelques aspects de la ville de Québec au XVIIIᵉ siècle d'après les dénombrements paroissiaux », *Cahiers de géographie*, vol. 28, nᵒ 75 (décembre 1984), p. 491-494.

Desloges, Yvon, « L'étude du passé urbain et ses nombreuses approches : un bilan historiographique », *Bulletin de recherche*, nᵒ 197 (juin 1983), Ottawa, Parcs Canada, 12 p.

Dickinson, John Alexander, *Justice et justiciables. La procédure civile à la prévôté de Québec, 1667-1759*, Québec, PUL, 1982, 289 p.

Dion, Louise, *L'épidémie de variole de l'hiver 1702-1703 dans la ville de Québec*, mémoire de M.A., Université de Sherbrooke, 1981, 151 p.

Dumas, Antoine, *À l'enseigne d'antan. Aperçu des enseignes en usage aux XVIIᵉ, XVIIIᵉ et XIXᵉ siècles à Québec et à Montréal*, Québec, Éditions du Pélican, 1970, 100 p.

Eccles, W.J., *La société canadienne sous le Régime français*, Montréal, Harvest House, 1968, 91 p.

Gauthier, Raymonde, *Trois-Rivières, disparue ou presque*, Québec, Éditeur officiel, 1978, 189 p.

Gosselin, A., «Québec en 1730», *MSRC*, Série II, tome V (1899-1900), p. 1, *passim*.

Goubert, Jean-Pierre, *Malades et médecins en Bretagne, 1770-1790*, Paris, Klincksieck, 1974, 508 p.

Goubert, Pierre, «Les villes et la société urbaine», *L'Ancien Régime*. Tome I: *La société*, 2ᵉ édition, Paris, Colin, 1969, p. 192-216.

Halpenny, Frances G. et A. Vachon, dir., *Dictionnaire biographique du Canada*. Volume III: *De 1741 à 1770*, Québec, PUL, 1974, xlv-842 p.

Halpenny, Frances G. et J. Hamelin, dir., *Dictionnaire biographique du Canada*. Volume IV: *De 1771 à 1880*, Québec, PUL, 1980, lxiii-980 p.

Hardy, Jean-Pierre et David-Thiery Ruddel, *Les apprentis artisans à Québec 1660-1815*, Montréal, PUQ, 1977, 220 p.

Hayne, D.M. et A. Vachon, dir., *Dictionnaire biographique du Canada*. Volume II: *De 1701 à 1740*, Québec, PUL, 1969, xli-791 p.

Klebanov, Diana, L. Jonas Franklin et Ira M. Leonard, *Urban Legacy. The Story of America's Cities*, New York, Time Mirror, 1977, 421 p.

Lachance, André, «Le Bureau des pauvres de Montréal, 1698-1699. Contribution à l'étude de la société montréalaise de la fin du XVIIᵉ siècle», *Histoire sociale*, nᵒ 4 (novembre 1969), p. 99-110.

— *Crimes et criminels dans la société canadienne du Régime français*, Montréal, Boréal Express, 1984, 187 p.

— *La justice criminelle du roi au Canada au XVIIIᵉ siècle. Tribunaux et officiers*, Québec, PUL, 1978, 187 p.

La Grenade, Monique, *Le costume civil à Louisbourg au XVIIIᵉ siècle*, mémoire de M.A., Université de Montréal, 1978, 152 p.

Lahaise, Robert, *Civilisation et vie quotidienne en Nouvelle-France*, Montréal, Guérin, 1973, 207 p. (1000 diapositives).

— *Les édifices conventuels du Vieux Montréal: aspects ethnohistoriques*, Montréal, HMH, 1980, 597 p.

Lebrun, François, *Les hommes et la mort en Anjou aux XVIIe et XVIIIe siècles*, Paris, Flammarion, 1975, 382 p.

Lemieux, Denise, *Les petits innocents. L'enfance en Nouvelle-France*, Québec, IQRC, 1985, 205 p.

Lépine, Daniel, *La domesticité juvénile à Montréal pendant la première moitié du XVIIIe siècle, (1713-1744)*, mémoire de M.A., Université de Sherbrooke, 1982, 109 p.

Massicotte, É.-Z., « Auberges et cabarets d'autrefois. Notes sur l'industrie de l'hôtellerie à Montréal sous le Régime français », *MSRC*, 3e série, t. XXI, section 1 (1927), p. 97-109.

— « La boulangerie à Montréal avant 1760 », *BRH*, vol. 47 (1941), p. 79-81.

— « Cadrans, sabliers, horloges, montres et pendules sous le Régime français », *BRH*, vol. 35, n° 6 (juin 1929), p. 325-330.

— « Comment on disposait des enfants du roi », *BRH*, vol. 37 (1931), p. 49-54.

— « Les enseignes à Montréal autrefois et aujourd'hui », *BRH*, vol. 47 (1941), p. 353-354.

— « L'incendie du Vieux Montréal », *BRH*, vol. 32 (1926), p. 604.

— « La pension Morand à Montréal au XVIIIe siècle », *BRH*, vol. 48 (novembre 1942), p. 338-340.

— « Les premiers puits de Montréal », *BRH*, vol. 38 (1932), p. 211-213.

Mathieu, Jacques, « Un pays à statut colonial (1701-1755) », dans Jean Hamelin, dir., *Histoire du Québec*, Toulouse, Privat, 1976, p. 183-230.

Michel, Andrée et Geneviève Texier, *La condition de la française d'aujourd'hui*. I: *Mythes et réalités*, Genève, Gauthier, 1964, 246 p.

Morisset, Gérard, « Réflexions sur le développement de Québec », dans *Urbanisme et architecture*, Études écrites et publiées en l'honneur de Pierre Lavedan, Paris, H. Laurens, 1954, 379 p.

Moussette, Marcel, *Le chauffage domestique au Canada, des origines à l'industrialisation*, Québec, PUL, 1983, 316 p.

Muchembled, Robert, *Culture populaire et culture des élites dans la France moderne (XVe-XVIIIe siècles)*, Paris, Flammarion, 1978, 398 p.

Nish, Cameron, *Les bourgeois-gentilshommes de la Nouvelle-France, (1729-1742)*, Montréal, Fides, 1968, 202 p.

Paquette, Lyne, *Les naissances illégitimes sur les rives du Saint-Laurent avant 1730*, mémoire de M.Sc. (démographie historique) Université de Montréal, 1983, 202 p.

Pinon, Roger, « Le costume civil en Nouvelle-France », *Recherches sociographiques*, vol. 11 (1970), p. 176-179.

Proulx, Gilles, « Soldats à Québec 1748-1759 », *RHAF*, vol. 32. no 4 (mars 1979), p. 535-563.

Reid, Gertrude Allana, *The Development and Importance of the Town of Quebec 1608-1760*, thèse de Ph. D., Montréal, Mc Gill University, 1950, 358 p.

Renaud, Paul-Émile, *Les origines économiques du Canada. L'œuvre de la France*, Mamers, Gabriel Enault, 1928, 488 p.

Roy, J.-E., *Histoire du notariat au Canada depuis la fondation de la colonie jusqu'à nos jours*, 4 vols, Lévis, Revue de notariat, 1899-1902.

Roy, Pierre-Georges, « Les conflagrations à Québec sous le Régime français », *BRH*, vol. 31, no 3 (mars 1925), p. 72-73.

— « Les épidémies à Québec », *BRH*, vol. 49 (1943), p. 204-212.

— « La protection contre le feu à Québec sous le Régime français », *BRH*, vol. 21, no 5 (mai 1924), p. 129-140.

— *Toutes petites choses du Régime français*, Deuxième série, Québec, Éditions Garneau, 1944, 304 p.

— *La ville de Québec sous le Régime français*, Québec, Paradis, 1930, 2 volumes.

Saucier, Roger, *L'hygiène publique et privée au Canada sous le Régime français*, mémoire de D.E.S., Université d'Ottawa, 1969, 164 p.

Séguin, Robert-Lionel, *La civilisation traditionnelle de l'habitant aux 17e et 18e siècles. Fonds matériel*. Montréal, Fides, 1967, 701 p.

— *Le costume civil en Nouvelle-France*, Ottawa, Musée national, 1968, 330 p.

— *Les divertissements en Nouvelle-France*, Ottawa, Musée national, 1963, 128 p.

— *Les granges du Québec*, Ottawa, Musée national, 1963, 128 p.

— *La maison en Nouvelle-France*, Ottawa, Musée national, 1968, Bulletin n° 226, 92 p.

— *La vie libertine en Nouvelle-France au dix-septième siècle*, 2 vols, Montréal, Leméac, 1972, 573 p.

Sulte, Benjamin,*Album de l'histoire des Trois-Rivières*, Montréal, Geo. E. Desbarats, 1881, 16 p.

— « Les fortifications », *Mélanges historiques*, vol. 18, Montréal, Ducharme, 1929, p. 26-44.

— *Trois-Rivières d'autrefois. Mélanges historiques*, 4 vols, Montréal, Ducharme, 1931-1934.

Tanguay, Cyprien, ptre, *Dictionnaire généalogique des familles canadiennes... depuis la fondation de la colonie jusqu'à nos jours*, Québec, Eusèbe Sénécal, 1871-1890, 7 vols.

Tessier, Albert, *Trois-Rivières. Quatre siècles d'histoire 1535-1935*, Trois-Rivières, Le Nouvelliste, 1935, 199 p.

Thivierge, Marîse, « Les artisans du cuir à Québec (1660-1760) », *RHAF*, vol. 34, n° 3 (décembre 1980), p. 341-356.

Trudel, Marcel, *Les débuts du régime seigneurial au Canada*, Montréal, Fides, 1974, 313 p.

— *L'esclavage au Canada français. Histoire et conditions de l'esclavage*, Québec, PUL, 1960, 432 p.

— *L'esclavage au Canada français*, édition abrégée, Montréal, Horizon, 1963, 127 p.

— *Initiation à la Nouvelle-France*, Holt, Rinehart & Winston, 1968, 323 p.

Vermette, Luce, *Les feux domestiques à Montréal de 1740 à 1760*, mémoire de M.A., Québec, Université Laval, 1977, 180 p.

Voisine, Nive, André Beaulieu et Jean Hamelin, *Histoire de l'Église catholique au Québec (1608-1970)*, Montréal, Fides, 1971, 112 p.

Warden, G.B., « L'urbanisation américaine avant 1800 », *Annales E.S.C.*, vol. 25, n° 4 (juillet-août 1970), p. 862-879.

Wilhem, Jacques, *La vie quotidienne des Parisiens au temps du Roi-Soleil 1660-1715*, Paris, Hachette, 1977, 295 p.

Tables des matières

Achevé d'imprimer en septembre 1987,
par les travailleurs des Éditions Marquis,
à Montmagny, Québec.